Ralph Metzner

Der Lebenszyklus der Menschenseele

Inkarnation – Empfängnis – Geburt
Tod – Nachtod – Reinkarnation

Ralph Metzner

Der Lebenszyklus der Menschenseele

Inkarnation – Empfängnis – Geburt
Tod – Nachtod – Reinkarnation

Aus der Buchreihe:
Ökologie des Bewusstseins

Aus dem Amerikanischen von Mathias Broeckers

Impressum

Verlegt durch:

Nachtschatten Verlag AG
Kronengasse 11 • CH-4500 Solothurn
Tel: 00 41/32/621 89 49 • Fax: 00 41/32/621 89 47
info@nachtschatten.ch • www.nachtschattenverlag.ch

Neuauflage 2021

Übersetzung: Mathias Broeckers, Berlin
Grafisches Konzept: Angela Wirtz, Hannover
Layout und Lektorat: Nina Seiler, Zürich

Printed in EU
ISBN 978-3-03788-267-2

Titel der amerikanischen Originalausgabe: *The Life Cycle of the Human Soul* aus der Serie *Ecology of Consciousness.* Publiziert von der Green Earth Foundation, El Verano, Kalifornien, USA, www.greenearthfound.org

Der Verlag dankt der Green Earth Foundation für die finanzielle Unterstützung.

Inhaltsverzeichnis

Vorwort

In diesem Buch werde ich die Erfahrung des Lebens vor der Geburt und die Erfahrung des Lebens nach dem Tod des physischen Körpers behandeln. Dies zu tun überschreitet die festgelegten Begrenzungen der westlichen Weltsicht des wissenschaftlichen Materialismus. Die Schulmedizin und die etablierte Psychologie glauben nicht, dass es irgendwelche vorgeburtlichen Erfahrungen gibt, über die man reden könnte – und die vorherrschende agnostische Weltsicht geht davon aus, dass wir über das Leben nach dem Tod nichts sagen können. Dennoch haben in den letzten 50 Jahren in der westlichen Welt einige Pioniere neue Ansätze des Zugangs zu Bereichen des Bewusstseins erforscht, die ein Stück weit von der normalen Raum-Zeit-Realität entfernt sind.

Als radikaler Empirist in der Tradition von William James schließe ich keine Erfahrungen oder Beobachtungen aus, nur weil sie nicht in das existierende Paradigma der Realität passen. Ich bevorzuge eine Herangehensweise, die meine Bindung an ein bestimmtes Paradigma zurückstellt, um die vorliegenden Beobachtungen – meine eigenen oder die von anderen – mit Unvoreingenommenheit zu betrachten. Unausweichlich ist dabei, dass unsere Berichte und Interpretationen subjektiver Erfahrungen an unsere bestehenden Weltbilder und Realitätsmodelle gebunden sind. Selbst in unserem normalen, funktionalen Wachzustand ist die Unterscheidung zwischen dem, was ich sehe (Beobachtung), und dem, was ich darüber denke, was ich sehe (Interpretation), nicht immer leicht.

Diese Herangehensweise entspricht dem, was der Dalai Lama „Empirismus der ersten Person" genannt hat: ein Empirismus, der die subjektive Ebene persönlicher Erfahrung mit einbezieht. Bei dieser Herangehensweise werden Berichte über subjektive Erfahrungen einer Person objektiv untersucht und mit den Erfahrungen eines oder mehrerer anderer Beobachter verglichen und in Bezug gesetzt. In *Raum des Geistes – Strom der Zeit* schrieb ich: „Eine subjektive Erfahrung, die mit anderen ausgetauscht und von mindestens einer anderen Person aufgenommen wird, wird zur objektiven Beobachtung. Daher: *subjektiv + 1 = objektiv.*" (S. 33)

Wir gründen unsere Interpretationen (und die laufenden Re-Interpretationen) der Realität auf unserer eigenen subjektiven Erfahrung, die wir mit dem vergleichen und in Bezug setzen, was andere über ihre eigenen Erfahrungen gesagt oder geschrieben haben. Im Einklang mit den Paradigmen der empirischen Wissenschaft führt die Häufung identischer oder ähnlicher Beobachtungen durch dieselben oder weitere Beobachter zu einer wachsenden Zuverlässigkeit unserer Erkenntnisse und Beschreibungen.

Erfahrungsberichte aus dem pränatalen oder postmortalen Leben als mögliche Quellen von neuem Wissen und Erkenntnissen auch nur in Erwägung zu ziehen, erfordert eine vorübergehende Außerkraftsetzung der in unserer Kultur und Gesellschaft allgemein akzeptierten Weltsicht. In früheren Zeiten im Westen und bis heute in den meisten Gesellschaften Asiens gab es für Vorstellungen von der Seele und der Wiedergeburt ein sehr viel tieferes Verständnis, das in vielen Mythen und spirituellen Schriften zum Ausdruck kam. Aus diesem Grund werde ich auch einige klassische Texte der spirituellen Literatur und der Mythologie – aus dem alten Ägypten, Griechenland und dem tibetischen Buddhismus – für Einsichten in die Ebenen vor der Geburt und nach dem Tod einbeziehen.

Es gibt fünf wichtige Quellen, aus denen die moderne Bewusstseinsforschung Beobachtungen und Erfahrungen jenseits der Schwellen der Geburt und des Tods gesammelt hat: Psychedelische Bewusstseinszustände; Meditation und Yoga; schamanische Reisen; tiefe, hypnotherapeutische Bewusstseinszustände; Bewusstseinszustände, die durch ungewöhnliche Atemübungen hervorgerufen werden. Ich werde jede dieser Methoden im Folgenden behandeln.

Der Gebrauch von *Psychedelika* zur Erkundung ungewöhnlicher Bereiche des Bewusstseins ist die erste dieser Methoden, die ich persönlich kennenlernte – durch meine Teilnahme an den Studien psychedelischer Drogen an der Harvard Universität mit Timothy Leary und Richard Alpert (später Ram Dass) in den frühen 1960er Jahren. Wir waren einem Vorschlag von Aldous Huxley gefolgt und hatten die Lehren des *Tibetischen Totenbuchs* als Grundlage für unser Handbuch für psychedelische Bewusstseinszustände, *The Psychedelic Experience*, herangezogen, das erstmals 1964 erschien. In den Jahren seit dieser Veröffentlichung habe ich zahlreiche Briefe und Kommentare erhalten, die zu dem Ergebnis kommen, dass die meisten psychedelischen Erfahrungen zwar nicht den idealisierten Sequenzen der drei Ebenen folgen, wie sie im *Bardo Thödol* dargelegt sind, dass aber die Leser unsere Empfehlungen schätzten, die psychedelischen Erfahrungen als Gelegenheit für geistig-seelisches Wachstum und Lernen zu nutzen.

Es ist klar, dass Drogen *per se* solche Erfahrungen nicht bewirken oder herstellen, sondern vielmehr als Verstärker der Wahrnehmungen fungieren. Die Erfahrungen und Beobachtungen sind eine Funktion der Intentionen, dem Set des Individuums, ebenso wie des Settings, des Kontexts, sowie der vorausgehenden Vorbereitung und der Interpretation danach. Da solche Drogen sowie Pflanzen und Pilze die Wahrnehmung beleben und verstärken, wirkten sie für viele Menschen und auch für mich selbst als ein erster den Geist öffnender Streifzug in die Bereiche vor der Geburt, nach dem Tod und die Erfahrung einer jenseitigen Welt. Ich werde mich im Folgenden auf meine eigenen Erfahrungen mit diesen Substanzen beziehen sowie auf die Berichte von Menschen, mit denen ich in geleiteten Divinationen gearbeitet habe, einzeln und in Gruppen, wenn dies unter den gegebenen gesetzlichen und sozialen Rahmenbedingungen an diesem Ort und zu dieser Zeit möglich war.

Meditation und Yoga, besonders in ihren tantrischen und taoistischen Formen, sind die am weitesten verbreiteten Methoden, um Zugang zu den ungewöhnlichen Bewusstseinsbereichen jenseits der Raumzeit zu finden. Konzentrative Meditation und Achtsamkeitsmeditation sind die Erfahrungsgrundlage spiritueller Praxis in der religiösen Tradition Asiens – und zu einem geringeren Grad auch der westlichen Religionen, obwohl hier Glaube und Hingabe eine größere Rolle spielen als psychospirituelle Praktiken. Meine Erfahrung mit Yoga wurde durch zehn Jahre intensiver Praxis der *Licht-Feuer-(Agni-)Yoga*-Methoden von Russell Schofield in der *School of Actualism* geprägt. Ich entdeckte, dass diese Methoden, die ich noch immer persönlich und in meiner Heil- und Lehrarbeit anwende, denen des *Vajrayana*-Buddhismus, des Tantra und des Taoismus ähnlich sind, und auch der europäischen Alchemie, wie sie von C.G. Jung und seinen Nachfolgern verstanden wurde.

Die Methoden der *schamanischen Reise* werden weltweit von indigenen Völkern zu Zwecken der Heilung und Divination angewendet. Eine solche „Reise" ist, in moderner Sprache, ein veränderter oder nicht-gewöhnlicher Bewusstseinszustand, in den sich der schamanische Praktiker für das kranke Individuum oder die Gemeinschaft hineinversetzt. Die schamanische Reise beginnt, wie jede Heilanwendung, mit der Formulierung von Fragen und Absichten, worauf der Schamane in einen Zustand der Trance geht, um mit den ihm (oder ihr) verbundenen Geistern zu kommunizieren und mit Informationen oder eine Antwort für den Kranken zurückzukehren. Die zwei wichtigsten Methoden, um den Trancezustand der schamanischen Reise herbeizuführen, sind halluzinogene Pflanzen und Pilze, die in den tropischen und subtropischen Regionen weiter verbreitet ist, und rhythmisches Trommeln oder Rasseln, wie es in der nördlichen Hemisphäre in Asien, Europa und Amerika angewendet wird. Es wurden Theorien darüber entwickelt, dass der rhythmische Puls zu einer synchronen Angleichung der Gehirnwellen, des Herzschlags und der Atemfrequenz führt, was das Individuum empfänglicher für Sinneseindrücke und Intuitionen aus den nicht-alltäglichen Dimensionen der Realität macht.

Ich selbst habe die klassische Methode der schamanischen Trommelreise bei meinen geschätzten Freunden und Kollegen Michael Harner und Sandra Ingerman geübt und erlernt. Viele der Erfahrungen in den klassischen Beschreibungen schamanischer Reisen haben mit den Nachtod-Ebenen und mit Beziehungen zu verstorbenen Verwandten oder Todesgeistern zu tun. Auch wenn die Beschreibungen schamanischer Reisen sich nicht explizit auf Geburtserfahrungen zu beziehen scheinen, können wir feststellen, dass die klassische Schamanenreise in die Unterwelt – nach unten, durch einen engen, manchmal gefährlichen Tunnel, und dann hinaus in eine hellere, offenere Landschaft – der Erfahrung der pränatalen Reise durch den Geburtskanal entspricht .

In *hypnotischen Trancezuständen* wird eine dissoziative Trennung von der Wahrnehmung der normalen raum-zeitlichen Realität durch direkte oder indirekte Suggestionen eines Hypnotiseurs ausgelöst. Der Grad der Versunkenheit oder des Eintauchens in innere Erfahrungen kann so tiefgehend sein, dass Hypnose als Narkose bei Operationen benutzt wird und zur Wiederherstellung unterdrückter oder verdrängter Erinnerungen in Fällen von Kindheitsmissbrauch oder anderer traumatischer Erlebnisse. Die Verbalisierungen des Hypnotiseurs sind der Leitfaden, der die Person in tiefere Grade der Versenkung führt.

Auch bei dieser Methode sind die inneren Erfahrungen und Beobachtungen stark von dem gegebenen Weltbild, dem Set und Setting geprägt und geformt.

Zum Beispiel ist es bemerkenswert, dass Milton Erickson, Amerikas Meister-Hypnotherapeut, der außergewöhnliche Heilerfolge bei Kindheitstraumata erzielte, sich nie auf die Ebenen der vorgeburtlichen Erfahrungen wagte. Andererseits haben in der zweiten Hälfte des 20. Jahrhunderts Ärzte und Therapeuten, deren Arbeiten wir in den ersten beiden Kapiteln behandeln werden, damit begonnen, mit Hilfe hypnotischer Regression Zugang zu Geburtserinnerungen und vorgeburtlichen Erfahrungen zu erhalten. Mein eigenes Verständnis dieses Gebiets und der Methoden wurde durch die Teilnahme an den Workshops der therapeutischen Pioniere William Emerson und Ray Castellino wesentlich vertieft.

Andere Praktiker, die mit Methoden der hypnotischen Trance arbeiten, um Ursprünge aktueller Lebensprobleme aufzuspüren, entdeckten dabei offensichtliche Erinnerungen an frühere Leben zu verschiedenen Zeiten und Orten sowie Erfahrungen der körperlosen Seele nach dem Tod. Therapeuten, die mit diesen Erinnerungen ihrer Klienten an vergangene Leben und „Zwischen-Leben“ arbeiten, haben diese Entdeckungen im Laufe ihrer Heilpraxis gemacht, was sie oft zu einem tieferen Verständnis der Mysterien des Todes, der Wiedergeburt und des *Karma* brachte. Aus der Sicht des Heilpraktikers ist der Sinn solcher Arbeit der, Lösungen für schmerzhafte Probleme und Konflikte zu finden – und nicht, die Gültigkeit irgendeiner besonderen Doktrin oder Glaubensrichtung zu beweisen.

Ich sollte jedoch darauf hinweisen, dass die Realität der Reinkarnation in den Weltreligionen und spirituellen Lehren außerhalb des Westens nahezu überall akzeptiert wird. Sie war auch Teil der Lehre des Christus, bevor sie in den ersten Jahrhunderten der christlichen Ära aus der kirchlichen Doktrin gelöscht wurde. Sie wurde als unvereinbar mit dem christlichen Kerndogma der Erlösung der Gläubigen nach dem Tod angesehen – ein ideologisches Manöver, das Macht und Vermögen der Kirche anwachsen ließ, weil es den Glauben gegenüber dem individuellen Handeln betonte.

In meiner eigenen Arbeit habe ich festgestellt, dass der Kontakt mit den Erinnerungen der Seele an Erfahrungen vor der Geburt, nach dem Tod und zwischen den Leben tiefgehende heilsame Veränderungen in der Psyche einer Person mit sich bringen kann. Dies ist eine Form der Bestätigung, die im Einklang mit dem grundsätzlichen Prinzip der empirischen Medizin steht – die Prüfung der Diagnose und der Richtigkeit der Medizin liegt in der Heilung. Dr. Winafred Lucas (1911–2006), eine erfahrene Psychologin, die ein nützliches Kompendium hypnotischer Regressionsmethoden erstellt hat, war für mich bei der Erkundung dieser Methoden und Bereiche eine Mentorin von unschätzbarer Bedeutung.

Atemtechniken liefern eine weitere Methode, um tiefgehend veränderte Bewusstseinszustände herbeizuführen, in denen pränatale, postmortale und transpersonale Erfahrungen zugänglich werden. Kontrollierte Atemübungen, die als *pranayama* bekannt sind, sind ein wesentlicher Teil der Yogaübungen, die der Koordination und Harmonisierung von Körper und Geist dienen. Dr. Andrew Weil nannte den Atem in seinen Ausführungen zur integrativen Medizin „den Hauptschlüssel des Heilens". In der geistigen Meditation des Buddhismus *(vipassana)* ist das nicht-analytische, nicht-urteilende Beobachten des Atemstroms eine Grundübung und Vorbereitung für das schwierigere Gewahrsein in Bezug auf Gefühle, Eindrücke und Gedanken. Therapeuten, die daran arbeiten, Prägungen der Geburt und vorgeburtlicher Eindrücke zu heilen – sowohl im Wasser als auch an Land – haben eine Vielzahl von Atemtechniken entwickelt, die eine Regression des Bewusstseins auslösen. Ich habe selbst bei verschiedenen Praktizierenden an einigen solchen Sitzungen mit auf die Geburt bezogenen Atemübungen teilgenommen und dabei wertvolle Einsichten gewonnen.

Die umfassendste Anwendung des Atmens zur Erreichung ungewöhnlicher Zustände und Ebenen des Bewusstseins ist die *holotropische Atemarbeit*, die Stanislav und Christina Grof, zwei langjährige Freunde und Kollegen von mir, entwickelt haben. In dieser Form der Gruppenarbeit wird intensive Hyperventilation mit dramatischer Musik und gezielter Körperarbeit begleitet. Das dissoziative Element in diesen Zuständen kann sehr bedeutsam sein. In einer dieser holotropischen Atemsitzungen informierte mich meine Sitzungspartnerin, dass ich mich während des Atmens auf einmal hinsetzte und Worte in einer Sprache sprach, die sie weder verstand noch erkannte – und ich selbst konnte mich überhaupt nicht an dieses Ereignis erinnern.

In diesem Buch werde ich mich auf Beschreibungen von Erfahrungen aus all diesen Quellen beziehen, ebenso wie auf meine persönlichen Erfahrungen

(„Empirismus der ersten Person") und die von Individuen, mit denen ich bei meiner Psychotherapie und der Arbeit alchemistischer Divinationen gearbeitet habe, unter Verwendung von schamanischen, yogischen und hypnotischen Rückführungsmethoden, sowohl mit als auch ohne die Verstärkung der Wahrnehmung durch Psychedelika.

Ich möchte betonen, wie oben schon gesagt, dass die bewusste Erinnerung an vorgeburtliche (oder anderweltliche) Erfahrungen in solchen Zuständen kein pharmakologischer Effekt der Droge ist, so wenig wie die Erinnerungen unter Hypnose ein Effekt der Hypnose oder die Visionen bei der schamanischen Trommelreise eine Wirkung des Trommelns sind. Psychedelische, hypnotische Techniken können wie Trommeln und Atmen eine Lösung der Barrieren der Erinnerung und eine Verstärkung der Wahrnehmung auslösen – aber die Frage oder Intention des Individuums und der Kontext, den der Therapeut oder Leiter herstellt, sind die Grundvoraussetzungen für den Heilungsprozess und die damit verbundenen Einsichten.

Im ersten Kapitel, *Geburt – Traumatische Realitäten und ekstatische Potenziale,* beschreibe ich die Arbeiten von Stanislav Grof und anderen zur Frage, wie Erfahrungen einer traumatischen Geburt die Tiefenstruktur der Psyche dauerhaft beeinflussen können; wie Erwachsene sich an die subjektive Erfahrung des Geborenwerdens erinnern können; und wie der Fötus während der Geburt genauestens auf die Gefühle und Gedanken der Eltern und die soziale Umgebung der Familie eingestellt ist. Ich beschreibe eine einfache und aufschlussreiche *Divination deiner ersten Reaktion nach dem Geborenwerden.* Ich beschreibe die Arbeit der psychohistorischen Forschung, die verstörende, aber wichtige Verbindungen zwischen traumatischer Geburt und den kollektiven Pathologien von Gewalt und Krieg offenbart hat, sowie die Arbeit der Wassergeburts-Pionierinnen in den USA und Russland, die gezeigt haben, dass auf Spiritualität basierende Geburtspraktiken die üblicherweise erwarteten Ängste und Schmerzen durch ekstatische oder gar orgasmische Erfahrungen ersetzen könnten.

Im zweiten Kapitel, *Vorgeburtliche Prägungen und Verbindungen mit den Ahnen,* berichte ich, wie die hypnotische Regression von Erwachsenen zu ihren vorgeburtlichen Erinnerungen eine tiefe und umfassende Erkenntnis von

Familienereignissen und subjektiven Zuständen aufzeigt. Durch absichtsvolle empathische Verbindung können sich Erwachsene in den Geist ihrer Mutter und ihres Vaters in der Zeit vor der Geburt versetzen, was tiefgehende Heilwirkungen haben kann. Dieses Kapitel enthält eine *Divination der elterlichen Prägungen bei der Empfängnis.* In Träumen, Visionen und Divinationen berichten Erwachsene und Kinder über Eindrücke und Botschaften der Seelen, welche die Inkarnation in ihrer Familie gewählt haben – deutlich jenseits aller möglichen Erinnerungen aus dem biologischen Leben. Ich beziehe mich auf die Ergebnisse der Divinationen zur Verbindung und Wiedervereinigung mit den eigenen Ahnen – und auf den tiefen Seelenfrieden und die Entschlusskraft, die aus diesen Verbindungen erwachsen können.

Im dritten Kapitel, *Der Tod und das Nachtodleben,* behandle ich die paradoxe Ähnlichkeit zwischen der Erfahrung des Sterbens und der Erfahrung, geboren zu werden: beides sind Ausdehnungen des Bewusstseins in unbekannte Ebenen des Seins. Ich berichte über die in allen Kulturen verbreitete Tradition einer dreitägigen Phase des Übergangs oder Totenwache, in der die Seele sich in der neuen außerkörperlichen Existenz orientiert; über den Unterschied zwischen „Nah-Tod-Erfahrungen“ und „Ego-Tod-Erfahrungen“; und über neue und überlieferte Arten, sich auf das Sterben vorzubereiten, auch mit Psychedelika. Ich beschreibe einige alte Mythen von Führern und Beschützern im Land des Todes, und die Lehren des tibetischen Buddhismus über das Sterben und die einleitenden *Bardo*-Zustände. Dieses Kapitel enthält eine *Divination deines Todestags* – als Beispiel dafür, wie eine solche meditative Praxis unsere gewöhnliche Angst vor dem Tod deutlich mindern kann.

Im vierten Kapitel, *Das Leben zwischen den Leben,* berichte ich über die Bekenntnisse aus Nahtoderfahrungen (NTE, engl.: *NDE – Near Death Experiences),* die einen einzigartigen Zugang zu den Ebenen des Nachtodlebens gewähren; und auch von Kommunikationen zwischen den Lebenden und den Geistern der Toten, direkt oder vermittelt durch ein Medium. Ich berichte über die altägyptischen Lehren von den Ebenen nach dem Tod, insbesondere im Zusammenhang mit der Erwähnung des Lebensrückblicks, sowie über die tibetischen Lehren der himmlischen und der höllischen *Bardo*-Visionen. Ich beschreibe auch Divinationsreisen zum Rat der Ahnenseelen und die bemerkenswerten Lehren und Entdeckungen bei solchen Reisen.

Im fünften Kapitel, *Von der Inkarnation zur Empfängnis und Wiedergeburt*, skizziere ich die Reise der Seele durch die Nachtod-Bereiche auf dem Weg in ein neues Leben und beziehe mich dabei auf die tibetischen buddhistischen Lehren des *Bardo der Wiedergeburt* und unsere Divinationen zum Rat der Führungsgeister, die mit dem Rat der Ahnen verbunden sind oder hinter ihm stehen. Ich beziehe mich dabei auch auf die wunderbare Geschichte aus den jüdischen *Midraschim* vom Engel Lailah, der als „Hebamme der Seelen" bekannt ist und die inkarnierenden Seelen auf ihrem Weg in die Empfängnis und Wiedergeburt führt und leitet.

Mit der Veröffentlichung dieser Arbeit möchte ich meine Dankbarkeit und Wertschätzung gegenüber den Studenten, Kollegen und Freunden aussprechen, mit denen zusammen ich das Privileg hatte, die Bereiche jenseits von Geburt und Tod zu erforschen; den ärztlichen Pionieren, Heilern und Wissenschaftlern, deren Arbeit unser Wissen über diese Bereiche erweitert und vertieft hat; und vor allem den spirituellen Lehrern und aufgestiegenen Meistern, die unsere spirituelle Entwicklung auf dieser aufgewühlten Erde sorgfältig und unermüdlich leiten.

1 Geburt – traumatische Realitäten, ekstatische Potenziale

Ich möchte die Bedeutung und Rolle der Geburt und der pränatalen Phase im psychologischen Leben des Menschen untersuchen und ein Modell präsentieren, wie die prägenden perinatalen (geburtsbezogenen) und pränatalen Einflüsse auf die menschliche Entwicklung zu verstehen sind. Mein Verständnis dieses Gebiets wurde maßgeblich beeinflusst von den grundlegenden Forschungen und Theorien des aus Tschechien stammenden Psychiaters Stanislav Grof, der aufgrund seiner Arbeit mit LSD in der psycholytischen Therapie damit begann, den Einfluss von Geburtsmustern auf psychische Krankheiten und darauf folgenden transpersonale Erfahrungen zu erforschen, und der zeigte, wie aus Krisenerfahrungen transformierende Erkenntnisse entstehen können, wenn Geburtsmuster berücksichtigt werden.

Grofs zentraler theoretischer Beitrag ist die Identifikation einer vierteiligen Folge von perinatalen Grundmatrizen (PGM; engl.: *basic perinatal matrices, BPM*) und der Einfluss dieser Muster auf psychedelische oder andere nichtgewöhnliche Bewusstseinszustände. In den 1970ern, als ich auf Grofs Arbeiten über Geburtserfahrungen mit Psychedelika stieß, waren sie eine Offenbarung für mich: Zum ersten Mal verstand ich gewisse Aspekte der psychedelischen Erfahrungen, die ich bei meinen Studien als Mitglied des Harvard-Psilocybin-Projekts gemacht hatte, besonders einige schmerzvolle, höllische Visionen, die ich vorher nie erklären konnte. Meine Harvard-Kollegen und ich hatten schon früh bemerkt, dass Freuds psychoanalytische Theorien offensichtlich die psychedelischen Bereiche nicht berührten. Jungs Schriften waren hilfreicher, um sich mit den mythischen und mystischen Dimensionen der psychedelischen Erfahrungen vertraut zu machen, aber auch sie konnten die extreme und gewalttätige Natur einiger höllischer Horrortrips nicht erklären. In dem Modell des *Tibetischen Totenbuchs* waren die buddhistischen Lehren über die drei *Bardo*-Bereiche, durch die man zwischen Geburt und Wiedergeburt geht, zwar metaphysisch anregend, aber sie beschrieben nicht den üblichen Verlauf einer psychedelischen Erfahrung.

Ich fand auch die Theorien und körperorientierten Therapiemethoden Wilhelm Reichs sehr geeignet, um den Energiefluss und die Energieblockaden zu verstehen, die in veränderten Bewusstseinszuständen auftreten können. Grofs Modell lieferte auf der anderen Seite eine genaue Beschreibung des Inhalts bestimmter Erfahrungen – und führte sie auf eine qualitative Schablone oder Matrix zurück, wie sie in den vier PGM vorliegen.

Lassen Sie mich ein persönliches Beispiel geben. Hier ist meine Beschreibung von Teilen einer hochdosierten Psilocybin-Sitzung, die ich erlebte, als wir noch in Harvard waren:

> Als ich im Raum umherblickte, erblickte ich große Bänder strömender Energiepartikel, die sich durch den Raum zogen und sich durch mich und zwischen allen anderen bewegten. Wir alle schienen eingebunden in diese sich bewegenden und ständig verändernden Energiebänder. Sie waren mir schon aus anderen Psilocybinsitzungen vertraut, wo ich sie als leuchtendes, filigranes Netzwerk wahrgenommen hatte. Aber dieses Mal erschreckte mich ihre Intensität. Als meine Angst stärker wurde, erstarrten die Energiebänder und hörten auf sich zu bewegen, sie nahmen einen gräulichen Farbton an, wie Gefängnisgitter. Mit einem Mal fühlte ich mich ruhiggestellt und gefangen, wie eine Fliege in einem riesigen, metallischen Spinnennetz. Ich konnte nicht sprechen und erklären, was mit mir geschah, meine Stimme schien gelähmt. Alle um mich herum schienen in diesem Metallgitter eingefroren. Ich fühlte, dass mein Geist auch gelähmt war. Ich konnte nicht denken oder verstehen, was geschah. Ich konnte nicht unterscheiden, ob das, was ich erlebte, real war oder eine drogenbedingte Halluzination (eine Erfahrung, welche die Psychiatrie „Derealisation“ nennt). Ich fühlte mich vollständig entmenschlicht, nicht einmal mehr wie ein biologischer Organismus, eher wie eine mechanische Puppe oder ein Gegenstand.
>
> Aus: *Birth of a Psychedelic Culture,* S. 30–34)

Im Folgenden zitiere ich aus Grofs Beschreibung typischer LSD-Erfahrungen aus dem Bereich der PGM II, der Phase des Geburtsprozesses, in dem die Kontraktionen begonnen haben, der Gebärmutterhals sich aber noch nicht geöffnet hat, so dass für den Fötus keine Bewegung möglich ist.

> Häufiger jedoch hat die Aktivierung dieser Matrix ein recht charakteristisches psychisches Erlebnis von „Eingeschlossensein" („kein Ausgang") oder „Hölle" zur Folge. Die Testperson fühlt sich in einer klaustrophobischen Welt eingeschlossen [...] Diese Erfahrung ist gekennzeichnet durch eine überwältigende Dunkelheit des Gesichtsfeldes und durch unheimliche Farben. [...] Eine weitere typische Matrix umfaßt die entmenschlichte, groteske und absonderliche Welt der Automaten, Roboter und mechanischen Geräte, die Sphäre menschlicher Missgestalten und Anomalien, wie sie in den Schaustellerbuden auftreten, bzw. das Gefühl einer sinnlosen „Spielbuden"- oder „Kartenhaus"-Welt. [...] Quälende Gefühle der Trennung und Entfremdung, metaphysischer Einsamkeit, Hilflosigkeit und Hoffnungslosigkeit, Minderwertigkeits- und Schuldgefühle sind regelmäßige Bestandteile von PM II. [...] Eine interessante Spielart der zweiten perinatalen Matrix scheint gerade mit dem Einsetzen und den Anfangsstadien der Geburt verknüpft zu sein. Diese Situation wird in den LSD-Sitzungen als zunehmendes Gewahrwerden einer unmittelbaren, lebensbedrohenden Gefahr oder als kosmische Verschlingung erlebt. [...] Eine Intensivierung dieser Erfahrung führt typischerweise zur Vision eines gigantischen, unwiderstehlichen Strudels, eines kosmischen Wirbels, der den Betroffenen und seine Welt erbarmungslos in sich einsaugt. [...] Zu den typischen körperlichen Symptomen, die mit PM II verbunden sind, gehören: äußerst starker Druck auf Kopf und Körper [...]
>
> Grof, S., *Topografie des Unbewussten,* S. 90–93

Ich verstand dann, wie in solchen Erfahrungen Komplexe von Gedanken, Bildern und Gefühlen mit Erinnerungen an extreme körperliche Eindrücke aus dem entsprechenden Stadium des Geburtsprozesses vermischt werden. Bei einer anderen Psilocybin-Sitzung löste eine zufällige Interaktion mit einem Freund Schuldgefühle in mir aus, wegen etwas, das ich gesagt hatte. Als nächstes fand ich mich in einer mittelalterlichen Folterhöhle wieder, wo ich von Männern mit riesigen Schlägern zu einem blutigen Brei zerschlagen wurde. Das Schuldgefühl ließ sich mit Begriffen der interpersonellen Dynamik erklären, die groteske, qualvolle Intensität dieser höllischen Visionen jedoch nicht. Zur Dynamik der PGM III, bei der sich der Muttermund geöffnet hat, und wo es nun Bewegung gibt, ein mächtiges, kraftvolles Drücken und Schieben, schreibt Grof:

> Das wichtigste Charakteristikum dieses Musters ist die Atmosphäre eines titanischen Kampfes, der häufig katastrophale Dimensionen erreicht. Die Intensität der schmerzhaften Spannung erreicht einen Grad, der weit über das hinauszugehen scheint, was ein Mensch ertragen kann (...) sadomasochistische Orgien (...) ungezügelte mörderische Aggression (...) Folterungen und Grausamkeiten aller Art (...) Verstümmelungen und Selbstverstümmelungen (...)
>
> Grof, S.: a.a.O., S. 95 f.

Anhand meiner Beobachtungen von hunderten solcher geburtsbezogenen Sitzungen bei Individuen und in Gruppen, sowohl mit Psychedelika als auch mit anderen Methoden der Aktivierung und Verstärkung, kann ich bestätigen, dass für die Stadien PGM II und III typische Erfahrungen von einem Beobachter deutlich erkannt werden können, auch wenn die Subjekte selbst diese Erfahrungen nicht mit Geburtserinnerungen identifizieren. Sofern vorhanden, können die objektiven Umstände einer Geburt dann mit den jeweiligen subjektiven Erfahrungen in Verbindung gebracht werden. So kann zum Beispiel eine Person, die bei einer psychedelischen Reise die Erfahrung extremer Spannung und von Erstickungsgefühlen in der Kehle macht, eine Verbindung herstellen mit der Nabelschnur, die während der Geburt um ihren Hals gewickelt war. Oder die Person atmet heftig und angestrengt und meint, sie bekäme „nicht genug Luft" und „Ich muss nach draußen". Oder es gibt ein ständiges Winden, Drehen, Wälzen und Stöße mit den Beinen, die von einem Gefühl der Anstrengung und Erschöpfung begleitet sind.

Grofs Modell des Geburtsprozesses und der vier perinatalen Matrizen kann in jeder Phase sowohl positive wie negative Erfahrungen sowie Erinnerungen an Erfahrungen enthalten. Die Erfahrung der PGM I, das intrauterine, fließende Einssein in der Gebärmutter, kann als „ozeanisches Gefühl" erfahren werden, wie es Sigmund Freud beschrieben hat; doch es kann im Fall von Müttern, deren Gebärmutter von Infektionen, Alkohol oder Drogen vergiftet war, sich auch anfühlen wie das Schwimmen in einem vergifteten Sumpf. PGM II kann als unerträglicher Druck oder Einschnürung erfahren werden, oder als ruhiges, geduldiges Erdulden der Unbeweglichkeit. PGM III kann ein gewaltsame explodierende Aggression und/oder eine machtvoll erwachende Sexualität sein. PGM IV, der Austritt aus dem Mutterleib, kann ein schwindelerregendes Fallen sein oder die ekstatische Erlösung des Fliegens.

In seinen Schriften über die Geburtsmatrix hat Grof darauf hingewiesen, dass er in gewisser Weise die lange vernachlässigten Theorien von Otto Rank (1884–1939) wiederbelebte, einem der engsten Schüler Freuds, der über das Trauma der Geburt als eine wichtige Quelle angstbesetzter Erinnerungen und Phantasien des Unbewussten geschrieben hat. In seinem Buch *Der Mythos von der Geburt des Helden* zeigte er, dass die Mythologien der Welt zahlreiche Geschichten enthalten, die mit Aspekten der Geburt zu tun haben. Der Pionier der pränatalen Rückführungstherapie, William Emerson, und seine Mitarbeiter haben in ihrem Buch *Remembering Our Home* auf die Parallelen zwischen der Geschichte von der Geburt Jesu und der archetypischen Reise der Seele vor der Empfängnis bis hin zur Geburt hingewiesen.

Ein anderer psychoanalytischer Theoretiker, der Aspekte der Geburt in sein Denken aufnahm, ist Henry A. Murray (1893–1988), Erfinder des projektiven *Thematischen Auffassungstests (TAT)* und Schüler von Freud und Jung; er lehrte in Harvard während der Zeit des Psilocybin-Projekts (und war dort einer meiner Professoren). Aufgrund seiner Analyse von Phantasieproduktionen sowohl bei „normalen" Menschen als auch bei neurotischen Patienten fand er eine Ansammlung von Themen des Sich-eingeschlossen-Fühlens – niedergedrückt, eingesperrt, gefangen – die er den *klaustralen Komplex* nannte und ausdrücklich auf intrauterine Erfahrungen bezog. Dieser Komplex ist eindeutig identisch mit dem, was Grof die zweite perinatale Matrix (PM II) nennt.

Atemmethoden für den Zugang zu Geburtserinnerungen wurden auch von Therapeuten der *Rebirthing* genannten Schule entwickelt, die in den Büchern von Leonard Orr und Sondra Rey beschrieben werden. Bei dieser Methode nutzt man kontinuierliches zirkuläres Atmen, ohne den Atem anzuhalten, und wird dabei in warmem Wasser von dem Therapeuten unterstützt. Ich habe selbst einige solcher Sitzungen gemacht, mit verschiedenen Therapeuten, die diese Methode anwenden, und daraus großen Nutzen gezogen, indem meine inneren Körperverspannungen reduziert wurden.

> Ich erinnere mich, dass ich bei einer solchen Sitzung in warmem Wasser, mit dem Kopf nach unten und einem Schnorchel, nicht aufhörte, mit dem Kopf gegen den Rand der Wanne zu stoßen – ein absolut unbewusster körperlicher Impuls, der die Bewegung durch den Geburtskanal mit dem Kopf zuerst wiederholte. Ich erinnere mich auch an eine andere Rebirthing-Session, bei der ich plötzlich mit einer Mauer aus Todesangst konfrontiert war, vor der ich instinktiv zurückweichen und flüchten wollte, hätte mich die Therapeutin, die mich hielt, mit ihrer Berührung nicht versichert, dass diese Panik vorübergeht und ich sie genauso überleben würde wie meine eigentliche Geburt.

David Chamberlain, Thomas Verny und andere haben in ihren Schriften zahlreiche Belege dafür zusammengestellt, dass sich sowohl Erwachsene (in einer Rückführungs-Trance) als auch Kinder (in spontanen Entspannungszuständen) an Details des Geburtsprozesses und der intrauterinen Phase erinnern können. Um verbalisiert und mitgeteilt zu werden, werden diese vorsprachlichen, somatischen Erinnerungserfahrungen irgendwie übersetzt. Kleinkinder sprechen davon, im Wasser zu sein, oder dass sie durch einen Tunnel kommen oder rhythmische Geräusche wie „bumm-bumm" hören – wahrscheinlich den mütterlichen Herzschlag.

Ein Mädchen erzählte, dass, als sie im Bauch ihrer Mutter war, „da eine Schlange drin war mit mir"– ein offensichtlicher Hinweis auf die Nabelschnur. Sie erzählte auch, dass „da ein Hund drin war", mit dem sie spielte und der bellte. Die Mutter bestätigte, dass die Familie im fünften Monat der Schwangerschaft einen kleinen Hund angeschafft hatte, der in den späteren Monaten der Schwangerschaft oft auf ihrem Bauch lag.

Perinatale Rückführungen haben enthüllt, was auch sensitive Eltern oder Geburtshelfer wissen – dass Neugeborene klug sind, wissende Wesen, die verstehen, was geschieht, und die sehr fein auf den emotionalen Zustand und die Motivationen der sie Umgebenden eingestimmt sind. Sie sind häufig frustriert, weil sie ihren Körper und die Glieder nicht bewegen können, und überwältigt von dem sensorischen Input – Licht, Kälte, laute Geräusche, raue Oberflächen – der in scharfem Kontrast zu ihrer vorherigen Umgebung steht. Die potenziellen Traumata bei Geburten unter den sterilen High-Tech-Bedingungen moderner Krankenhäuser sind bekannt. William Emerson hat geschätzt, dass bis zu 60 Prozent aller Geburten im modernen Amerika für das Neugeborene traumatisch ablaufen. Die Auswirkungen eines prä- und perinatalen Schocks und Traumas sind in jeder Hinsicht so bedeutsam wie ein Trauma in der nachfolgenden Säuglings- und Kinderzeit, wenn nicht sogar bedeutsamer.

Umgekehrt kann die Auflösung eines prä- und perinatalen Traumas die Auflösung einer späteren Neurose oder Charakterstörung erleichtern und fördern. Der Grund dafür ist klar – die auf der perinatalen Erfahrung beruhenden „Panzerungen" liegen tiefer als die in späterer Kindheit und danach erfahrenen. Diese Verhärtungen existieren nicht nur in der noch unentwickelten äußeren Muskulatur, sondern sind in das innere Gewebe eingebettet und wirken auf die Funktionen des autonomen und vegetativen Nervensystems.

Heilpraktiker, die mit der von Grof entwickelten holotropischen Atemtechnik arbeiten, haben herausgefunden, dass die Arbeit mit geburtsbezogenen Erfahrungen nicht nur eine Lösung für tief sitzende neurotische und psychosomatische Störungen bringen kann, sondern auch einen erweiterten Zugang zu vorher nicht wahrgenommenen Bereichen transpersonaler, spiritueller Erfahrungen. Diese Befunde unterstützen die Annahme, dass die fötale Seele ausgesprochen sensitiv für den emotionalen Zustand der Mutter ist und auch noch nicht so weit entfernt von ihrer spirituellen Heimat in der göttlichen Welt.

Wenn die eingeprägten Körpererinnerungen der Geburt, die oft schmerzvoll bis an den Punkt des Traumas sind, gelöst werden, können sie Durchgänge zu den himmlischen oder spirituellen Ebenen öffnen, von denen aus unsere Seelen ihre irdische Reise in die Inkarnation begannen. Etwas dieser Art könnte die Bedeutung hinter dem mysteriösen und aufrüttelnden Dialog zwischen dem Meister Jesus und dem skeptischen Pharisäer Nikodemus sein:

Jesus antwortete: Wahrlich, wahrlich, ich sage dir: Wenn jemand nicht von neuem geboren wird, kann er das Reich Gottes nicht sehen.

Nikodemus entgegnete ihm: Wie kann ein Mensch, der schon alt ist, geboren werden? Er kann doch nicht in den Schoß seiner Mutter zurückkehren und ein zweites Mal geboren werden.

Jesus antwortete: Wahrlich, wahrlich, ich sage dir: Wenn jemand nicht aus Wasser und Geist geboren wird, kann er nicht in das Reich Gottes kommen. Was aus dem Fleisch geboren ist, das ist Fleisch; was aber aus dem Geist geboren ist, das ist Geist. (Johannes 3,3–6)

Physikalische, psychologische und und soziale Beeinflussungsfaktoren der Geburt

Auffallend andere Geburtserfahrungen und darauf folgende charakteristische Haltungen werden von Kaiserschnitt-Geburten berichtet. Ich hörte einmal einen Fernsehkomiker, der erzählte, dass er durch seine Kaiserschnittgeburt derart vorbelastet sei, dass er einen Raum lieber durch das Fenster verlasse als durch die Tür wie alle anderen. Jane English erzählt in ihrem Buch *Different Doorway* aus ihren eigenen Erfahrungen und Interviews mit anderen, die auf diese Weise zur Welt gekommen sind. English berichtet von dem typischen Charakterzug frustrierter Durchsetzungskraft, der mit der frühen Erfahrung zusammenzuhängen scheint, keine Möglichkeit gehabt zu haben, sich selber den Weg in die Freiheit zu bahnen. Eine Rebirthing-Therapie mit der Bewusstheit solcher primärer Prägungen kann helfen, sie aufzulösen.

Von einer der verminderten Durchsetzungskraft bei Kaiserschnitt-Geborenen ähnlichen Auswirkung wird auch berichtet, wenn Erwachsene wiedererleben, wie ihre Mutter bei der Geburt betäubt wurde. Ich selbst habe bei meinen eigenen perinatalen Rückführungen dieses Gefühl für den dynamischen Prozess des Pressens beobachtet, der an einem bestimmten Punkt stillgestellt oder betäubt wird. Offensichtlich betäubt die Anästhesie der Mutter auch das Baby. Solche Beobachtungen sind die zentralen Gründe für die Bewegung zur natürlichen Geburt, bei der die Vorbereitung und bewusstes unterstütztes Atmen, aktive

Geburtspositionen und möglicherweise eine Umgebung in warmen Wasser die Schmerzen mildern und sowohl die Mutter als auch das Kind stärken.

William Emerson und seine Kollegen waren auch in der Lage, die Effekte der mütterlichen Beckenstruktur und der Position des Kopfes des Kindes auf die Physiognomie des Gesichts mit bemerkenswerter Genauigkeit zu identifizieren. Die unten liegende Seite des Gesichts wird über das harte Steißbein geschoben, was oft zu einer ausgeprägten Verschiebung der Gesichtsmuskulatur führt. Nachdem ich diesen Effekt einmal in einem Emerson-Workshop bei mir und anderen wahrgenommen hatte, war es sehr einfach, beim Blick auf das Foto eines erwachsenen Gesichts zu erkennen, auf welcher Seite es während der Geburt gelegen hat. Wenn der Umfang der Beckenknochen und der Schädel des Kindes bequem zueinander passen, ist das Gesicht perfekt symmetrisch.

Wenn die *Erwartungen* und Hoffnungen bei einem oder beiden Elternteilen und die Wahrnehmung des Ungeborenen über sein Geschlecht nicht zueinander passen, kann das lebenslange Auswirkungen auf Persönlichkeit und Verhalten des Individuums haben. Ein solche Enttäuschung kann auch den Geburtsprozess selbst beeinflussen – und gelöst werden, wenn die Eltern einfühlsam sind.

David Chamberlain dokumentiert die Geschichte einer Frau, bei deren Schwangerschaft der Einsatz einer Geburtszange drohte, weil sich der Fötus nicht gedreht hatte. Weil sie die bewusste Kommunikation mit ihrem Ungeborenen kannte und praktiziert hatte, wendete sie sich meditativ an ihr Kind und fragte, was den Geburtsprozess blockierte. Die telepathische Antwort des Kindes war eindeutig: „Du wünschst dir ein Mädchen und ich bin ein Junge.“ Weil die Mutter wusste, dass dies nicht die Zeit war, sich zu verstellen, antwortete sie: „Ja, das ist wahr, ich habe auf ein Mädchen gehofft. Aber du sollst wissen, dass ich verspreche, dich mit meinem ganzen Herzen zu lieben und zu hegen, egal ob du ein Junge oder ein Mädchen bist.“ Zwei Stunden später drehte sich der Fötus spontan und ohne medizinische Hilfe.

Die Befunde der Berichte von Kindern oder von Erwachsenen, die in ihre perinatale Erfahrung zurückgeführt wurden, bestätigen in überwältigender Weise das Prinzip, nach dem Babys im Mutterleib direkt an die Körpergefühle und

Empfindungen der Mutter angeschlossen sind, ebenso wie an ihr Denken und ihren Glauben. In der Tat, wie könnte es auch anders sein? Mutter und Kind teilen denselben Körper, in dem dasselbe Blut zirkuliert und sind deshalb eigentlich identisch. Eine Frau aus einer meiner Gruppen berichtete, dass sie während einer Rückführung in die Geburtsphase eine kalte Angst im Mutterleib fühlte. Sie konnte als Ursache dieser Angst ihrer Mutter die beinahe tödlich verlaufene Geburt eines früheren Kindes erkennen. Durch eine bewusste therapeutische Rückführung können solche unbewussten Identifikationen zur Bewusstheit gebracht und entweder ganz aufgelöst oder zu einem einfühlenden Verstehen verändert werden. Werden sie nicht erkannt und bearbeitet, können sie als lebenslange emotionale Unterströmung erhalten bleiben.

> Erst unlängst, als ich schon in meinen Sechzigern war, und nach Jahrzehnten persönlicher Arbeit auf diesem Feld konnte ich mein lebenslanges Körpergefühl einer aufgeblähten Fülle zurückverfolgen zu dem Gefühl meiner Mutter, als sie mit mir schwanger war. Es war das mütterliche Körperbild, das der Fötus übernommen und der erwachsene Mensch (unbewusst) den größten Teil seines Leben behalten hatte. Es versteht sich von selbst, dass diese Auflösung befreiend war und nicht eine Zurückweisung der gefühlsmäßigen Bindung an meine (längst verstorbene) Mutter erforderte.

Unter normalen Bedingungen sind dies unbewusste Identifikationen: Der Fötus (und später das neugeborene Kind) nimmt den emotionalen Zustand der Mutter durch mitfühlende Resonanz an. Elterliche Konflikte oder Trennungen während der Schwangerschaft können lebenslange Auswirkungen haben, vor allem wenn ein Elternteil (aufgrund eines Traumas oder vorsätzlich) unehrlich gegenüber dem Kind ist, was das Schicksal des anderen Elternteils betrifft.

> Der Vater einer Frau starb bei einem Unfall wenige Monate nach der Geburt seiner Tochter. Die Mutter erlitt einen Schock und erzählte ihrem Kind niemals irgendetwas über seinen Vater. In ihrem Bewusstsein hatte er sie verlassen. Von dem Trauma des nahezu gleichzeitigen gewaltsamen Todes ihres Mannes und der Geburt ihrer Tochter hatte sie sich nie erholt. Sie vernachlässigte das Kind und wurde zur Alkoholikerin. Mit vier

Jahren schickte sie ihre Tochter in ein Waisenhaus. Als diese dann in ihren frühen Zwanzigern schwanger wurde, wiederholte sie mit der frühen Heirat und Schwangerschaft das Muster ihrer Mutter.

In einer Divination der Versöhnung mit ihrer Mutter und ihren mütterlichen Vorfahren bewegte sie sich von einem Ort der Bitterkeit und Wut zu einem Ort des Friedens und des Mitgefühls. In einer Divination zur Versöhnung mit ihrem Vater drückte sie ihre Dankbarkeit aus, von ihm und seinen Vorfahren den Faden des Lebens empfangen zu haben. Sie klagte ihn nicht für das „Verlassen" an, weil sie realisierte, dass sie dieses Gefühl als Kind übernommen hatte, ohne etwas über das wirkliche Schicksal des Vaters zu wissen.

Eine Trennung der Eltern – aus welchen Gründen auch immer – zur Zeit der Geburt, die dazu führt, dass ein Kind von den Großeltern aufgezogen oder von einer anderen Familie adoptiert wird, kann zu dem lebenslangen quälenden Gefühl des Nicht-Gewolltseins führen. Es kann einen nahezu mythischen Drang auslösen, seine „echten" genetischen Eltern – wenn auch nur einmal – zu sehen oder mit ihnen zu sprechen. Erfreulicherweise haben die Adoptionsagenturen in den USA in neuerer Zeit damit begonnen, die seit langem gültige Praxis zu revidieren, bei der die Identität der leiblichen Eltern den Kindern vorenthalten wird, und sogenannte „offene Adoptionen" sind häufiger anzutreffen.

Ein Mann in einer meiner Gruppen berichtete, wie ihm klar wurde, dass bei der Geburt das grundlegende seelische Versprechen seiner Eltern gebrochen worden war.

Was für mich sehr deutlich wurde, war, dass während der Schwangerschaft und nach der Geburt eine Vereinbarung zwischen meiner Mutter und meinem Vater gebrochen wurde. Und ich konnte sehen, wie ich im Lauf meines Lebens auf eine Art dieses Motiv der gebrochenen Versprechen ausagierte [...] Meine Mutter war ganz verliebt in meinen Vater [...], sie war ziemlich jung [...], und es war ein wunderbarer Moment während der Divination, sie zusammen zu sehen. Er war ein Musiker, er spielte in einer Steel-Band, und sie waren oft auf Reisen. Und er brach

> die (Seelen-)Vereinbarung bei meiner Geburt und verließ sie. Und sie war verzweifelt.

Im weiteren Verlauf der Divination, beim Treffen mit der Rat der Ahnenseelen, konnte dieser Mann erkennen, dass es auf der Ebene der Seelen keinen Bruch und keine Verzweiflung gab – nur das Abarbeiten karmischer Lektionen.

Ähnlich erlebte eine Ärztin bei einer perinatalen Rückführung, wie sie und ihre Mutter schicksalshaft vereint waren, aber der Lebenszweck ihrer Seele über diese Fixierung hinausging:

> Beim Wiedererleben meiner Geburtserfahrung habe ich unerträgliche Schwierigkeiten zu atmen, vielleicht wegen der „Glückshaube“ *(caput galeatum)*, mit der ich geboren wurde. Ich versuche, wieder zu erleben, wie ich nach der Geburt in die Augen meiner Mutter schaue, es dauert lange [...] ihre Augen scheinen mich nicht anzusehen, sondern blicken durch mich hindurch. Ich lese ihr Gesicht und weiß, dass sie weiß, dass unsere Schicksale irgendwie verbunden sind. Das ist die Botschaft, die ich bekomme [...] In diesem Leben soll ich aufhören, auf meine Mutter zu schauen, und stattdessen auf meine eigene Bestimmung achten. Diese Botschaft gefällt mir und ergibt einen perfekten Sinn für mich.

Unsere Persönlichkeit kann Entscheidungen treffen, die nichtmit den Vorhaben und Vereinbarungen der Seele übereinstimmen. Das ist das Prinzip des freien Willens: Der Geist leitet, aber er befiehlt nicht. Die grundlegende Vereinbarung zwischen drei Seelen, ein Kind zu empfangen und zu gebären, könnte eingehalten werden – aber die beteiligten Persönlichkeiten könnten sie verlieren, vergessen oder nicht fähig sein, mit dieser Vereinbarung zu leben. Es geschieht zu jeder Zeit. Menschen mit Kindern, ungeborenen oder geborenen, trennen sich, werden durch Krieg oder Unfälle getrennt, werden süchtig und abgelenkt, begehen Verbrechen oder kommen ins Gefängnis. Dennoch ist die grundlegende Vereinbarung mit den elterlichen Seelen der Anfangspunkt unserer irdischen Existenz, und sich darauf mit Barmherzigkeit und Dankbarkeit einzustimmen, kann äußerst befreiend sein.

Divination deiner ersten Reaktion bei der Geburt

Mit der folgenden Übung kann man wertvolle Einsichten in die Kernthemen seines Lebens gewinnen. Obwohl die meisten Erwachsenen behaupten würden, dass sie an ihre Geburt keinerlei Erinnerungen haben, kann eine kurze Einstimmung und eine innere Frage erhellende Antworten bringen, die in den Sprachzentren des Gehirns in die Worte eines Erwachsenen übersetzt werden, so wie man nicht-verbale Traumbilder übersetzt. Nach dem Eintreten in einen meditativen Raum und der Einstimmung auf den Geist deiner Mutter und deines Vaters frage dich: Was war dein erster Gedanke, dein erstes Gefühl oder deine erste Reaktion auf die Welt, als du geboren wurdest?

Ein schizophrener Mann, mit dem ich vor einigen Jahren arbeitete, antwortete, als ich ihm diese Frage stellte, sofort: „Ich wollte meinen Eltern sagen: Es tut mir leid, dass ich euch soviel Ärger mache.“ Dieses reumütige Schuldgefühl, seinen Eltern zur Last zu fallen, hatte sich als emotionale Unterströmung durch sein ganzes Erwachsenenleben gezogen.

Meine eigene Antwort auf die Selbstbefragung bei dieser Divination verdeutlichte, dass meine erste Haltung ambivalent war: Ein Teil von mir war erregt von dem Abenteuer, auf der Welt zu sein, und ein Teil von mir war ängstlich und besorgt um seine Sicherheit. Ich konnte sehen, wie diese Ambivalenz für die meiste Zeit meines späteren Lebens ein Kernthema war. Erst in meinen späteren Jahren, als ich über fünfzig war, kam ich zu einer Auflösung dieser Ängstlichkeit durch die Erkenntnis, dass diese Welt ihrer Natur nach kein sicherer Ort war, und konnte diesem Gedanken mit Gelassenheit begegnen. Das war die Erkenntnis dessen, was Alan Watts, einer meiner Lehrer, in seinem gleichnamigen Buch die „Weisheit der Unsicherheit“ nannte. Existenz bedeutet unausweichlich Leiden, wie die Buddhisten sagen.

Traumatische Geburt und kollektive Psychopathologie

Als Stanislav Grof die perinatalen Vorstellungswelten erforschte, die von LSD oder holotropischen Atemtechniken ausgelöst werden, war er erstaunt über die Verbindung des Geburtstraumas mit kollektiven Ausbrüchen von Gewalt und Zerstörung.

> ….das Wiedererleben der Geburt in den verschiedenen Formen der Erfahrungs-Psychotherapie bezieht nicht nur die konkrete Wiederholung der ursprünglichen Gefühle und Empfindungen mit ein, sondern ist typischerweise auch mit einer Vielfalt von Erfahrungen des kollektiven Unbewussten verbunden, die unvorstellbare Szenen von Gewalt zeigen. Darunter sind oft eindrucksvolle Sequenzen, die Kriege, Revolutionen, Rassenaufstände, Konzentrationslager, Totalitarismus und Völkermorden beschreiben… Das spontane Auftauchen solcher Vorstellungen ist oft verbunden mit überzeugenden Einsichten in den perinatalen Ursprung solcher extremen Formen menschlicher Gewalt.
>
> GROF, S.: *The Psychology of the Future,* S. 302

Durch die Arbeit mit ganz anderen Methoden – der Analyse von Phantasiebildern in historischen Dokumenten, Medienberichten, politischen Schriften und Cartoons – haben der Psychohistoriker Lloyd de Mause und seine Kollegen erstaunliche Zusammenhänge von fötalen und perinatalen Vorstellungswelten mit Kriegen und massenhafter Gewalt gefunden. De Mauses Bücher – *Foundations of Psychohistory* und *The Emotional Life of Nations* (dt.: *Das emotionale Leben der Nationen,* 2005) – und seine Beiträge im *Journal of Psychohistory* konzentrieren sich auf die historischen und interkulturellen Formen des Kindesmissbrauchs und der Gewalt gegenüber Kindern, beziehen aber auch Phantasiematerial aus dem Bereich des pränatalen Lebens und der Geburt mit ein.

> Ich möchte die Befunde präsentieren, die mich zu den folgenden drei Schlussfolgerungen gebracht haben: 1. Das mentale Leben beginnt mit dem Drama des Fötus und wird erinnert und aufgearbeitet in späteren Kindheitsereignissen; 2. Dieses Drama des Fötus ist die Grundlage der Geschichte und Kultur jedes Zeitalters; und 3. Dieses Drama des Fötus ist traumatisch und muss in endlosen Zyklen des Sterbens und der Wiedergeburt wiederholt werden, wie die Gruppenphantasien zeigen, die bis heute einen Großteil unseres nationalen politischen Lebens bestimmen.
>
> DE MAUSE, 1982

In seinen psychohistorischen Analysen der politischen Propaganda in der Mobilisierungsphase für einen Krieg stellte de Mause fest, dass „Kriege von

Anfang an als direkte Wiederholung des Geburtskampfs erfahren werden; begonnen, wenn Nationen ‚ersticken und keinen Atemzug mehr machen können', werden sie fortgesetzt, bis sie ‚Licht am Ende des Tunnels' sehen oder werden gar ‚abgetrieben', wenn sie zu früh enden."

Ein von Hitlers favorisiertes *Mem,* mit dem er die normalen Deutschen zu seinem territorialen Sturm nach Osten inspirieren wollte, war, dass das deutsche Volk einen größeren ‚*Lebensraum*' brauche, ein typischer Gedanke für einen Fötus aufgrund der eingeengten Zustände im Geburtskanal. Auch das Werfen von Bomben wird mit dem Geburtsprozess assoziiert. Sogar der Abwurf der Atombombe auf Hiroshima wurde als Geburtsritual gesehen: Die Bombe wurde „Little Boy" genannt und aus dem Bauch eines Flugzeugs abgeworfen, das nach der Mutter des Piloten benannt war. Nach dem Abwurf kabelte General Groves an Präsident Truman: „Das Baby ist geboren."

Unter dem Einfluss visionärer Geburtshelfer wie Frederick Leboyer, Michel Odent und anderer haben sanftere, bewusstere Praktiken des Gebärens einen Platz in der westlichen Kultur gefunden. Sie haben dazu beigetragen, den Geburtsprozess zu vermenschlichen, ihn aus der Kategorie einer Krankheit, die im Hospital mit Medizintechnik behandelt wird, herauszuholen und als einen angeborenen menschlichen Prozess zu verstehen, der von Instinkten, Empathie und Geist geleitet, erleichtert und geschützt wird.

Wassergeburten und ekstatisch-orgasmisches Gebären

Schmerzloses oder sogar ekstatisches Geborenwerden in der Umgebung von Wasser könnte sowohl eine Wiedererinnerung an unsere Herkunft als aquatische Primaten als auch eine Vorwegnahme unserer evolutionären Möglichkeiten sein. Die von Elaine Morgan und anderen vertretene Theorie, dass der evolutionäre Übergang von den auf Bäumen lebenden anthropoiden Primaten zu den aufrecht gehenden Humanoiden sich vor drei bis vier Millionen Jahren in der Umgebung von Feuchtgebieten (Sümpfen, Mooren, Seeufern) in Ostafrika vollzogen hat, wird vom Mainstream der Paläontologie abgelehnt. Dennoch hat sie einige sehr überzeugende Belege und auch Fürsprecher, wie etwa Michel Odent, den bekannten französischen Geburtshelfer und Pionier der Wassergeburten.

Wassergeburten waren ein Kernelement der Arbeit eines Kollektivs von Eltern, Hebammen und Lehrern in Russland, die gegen die Behauptung des medizinischen Establishments angingen, dass Wassergeburten gefährlich seien. Die Gefahr von Komplikationen bei der Geburt kann eliminiert oder gemindert werden, wenn die Mutter während der Schwangerschaft (oder schon davor) dabei begleitet wird, die Reste ihres eigenen Geburtstraumas zu verarbeiten, in Gruppenprozessen und Gesprächen, Dehnungs- und Atmungs-Yoga, Paararbeit und Ausdruckskunst.

Mit einer solch intensiven Vorbereitung in der pränatalen Periode, die auch spirituelle und religiöse Elemente enthält, die auf Wunsch von orthodoxen Priestern geleitet werden, finden in den Sommermonaten am Schwarzen Meer Geburts-Camps statt. Hier schwimmen die Mütter und die werdenden Mütter, die anwesenden Hebammen, die Väter und Kinder mit Delfinen und versammeln sich, um die Ankunft der Neugeborenen zu feiern. Unter solchen Bedingungen können Geburten nicht nur schmerzfrei, sondern für die Mutter ekstatisch oder geradezu orgasmisch sein – und sind in jedem Fall ein Willkommenheißen des Kindes in eine liebende, spirituell wache Familie und Gemeinschaft.

Die Möglichkeit, dass die Geburtserfahrung für die Mutter orgasmisch sein kann, scheint weit entfernt von den üblichen kulturellen Erwartungen über die unausweichlichen Schmerzen der Geburt. Aber es gibt andere Hinweise darauf, dass sie verbreiteter sein könnten, als wir denken. Sowohl beim Gebären als auch beim Orgasmus sind intensive rhythmische Pulsschläge des Zusammenziehens und der Entspannung der Gebärmuttermuskulatur beteiligt. Einer meiner Freunde in Deutschland berichtete mir, dass er während einer Ayahuasca-Erfahrung seine Geburt wiedererlebte, sowohl aus seiner Perspektive als auch aus der seiner Mutter. Er realisierte, dass seine Mutter dabei eine orgasmische Erfahrung hatte, und als er es ihr erzählte, bestätigte sie es, obwohl sie zuerst etwas beschämt und verblüfft war, wie ihr Sohn das wissen konnte.

Während einer Rebirthing-Sitzung, die mit einem kurz wirkenden Tryptamin *(5-Methoxy-DMT)* verstärkt wurde, berichtete eine Frau vom gleichzeitigen Wiedererleben ihrer eigenen Geburt und dem Gebären ihres Kindes – und von einem Orgasmus. Das pulsierende Zusammenziehen und Entspannen im Becken war auf eine Weise überlagert und verflochten mit der Gefühlserinnerung dieser Kernerfahrungen ihres Lebens. Man könnte versucht sein, diese Vermischung des Wiedererlebens von Geborenwerden und Gebären der Wirkung der psychedelischen Substanz zuzuschreiben. Doch die Forschungspioniere auf diesem Gebiet, Stanislav und Christina Grof, haben gezeigt, dass solche Verschmelzungserfahrungen bei ihren holotropischen Atemsitzungen ziemlich häufig vorkommen – ohne irgendwelche Drogen. Tatsächlich befindet sich in ihrem jüngsten Buch *Holotropic Breathwork* die Reproduktion eines Bildes, das eine Frau malte, die eine solche Erfahrung während einer Atemsitzung hatte.

Durch die Anerkennung und ausdrückliche Beachtung der spirituellen und transpersonalen Essenz der Prozesse und Beziehungen im Zusammenhang mit der Geburt gehen die russischen Wassergeburts-Kollektive noch sehr viel weiter als die im Westen unternommenen Praktiken. *Birth Into Being*, ein erstaunlicher Film, der diese Gemeinschaft und ihre Arbeit dokumentiert, wurde von Elena Vladimirova und ihren Kollegen gedreht. Wenn man die Hebamme Tatiana Sargunas bei der Geburt ihres dritten Kindes sieht, umgeben von ihren beiden anderen Kindern, wie sie völlig entspannt in einem transparenten Warmwassertank hockt und mit einem offenen, ruhig lächelnden Gesicht den Vater/Kameramann anschaut, während sie mit einer Hand zwischen ihre geöffneten Beine greift und dem Neugeborenen auf die Wasser-Erde hilft – ohne den Hauch irgendeines Missbehagens – und wenn man die Babys, die so geboren wurden, schwimmen sieht, angstfrei unter Wasser und darüber, und auch umgeben von verspielten Delphinen, dann ist der Eindruck unvermeidlich, dass hier eine neue evolutionäre Generation auf die Welt kommt.

Manchmal habe ich angesichts dieser russischen Wassergeburts-Methoden und anderer Ansätze zum ekstatischen spirituellen Gebären gedacht, dass es diesen Gruppen vielleicht gelingt, das aufzulösen, was ich den *Fluch des Jahwe* nenne. Im Buch Genesis, dem Urquell der westlichen Religionsideologie, belegt Jahwe, der Herr, die gerade neu geschaffenen Menschen mit einem dreifachen Fluch. Er verflucht die Schlange, die Erde und die Frau – „unter Schmerzen sollst du deine Kinder gebären“. Wird hier nicht der Verbindung der Geburt mit Schmerzen eine ideologische Rechtfertigung gegeben ? Vielleicht – und zu hoffen wäre, dass mit den wassergeborenen Kindern und anderen mit ähnlichen

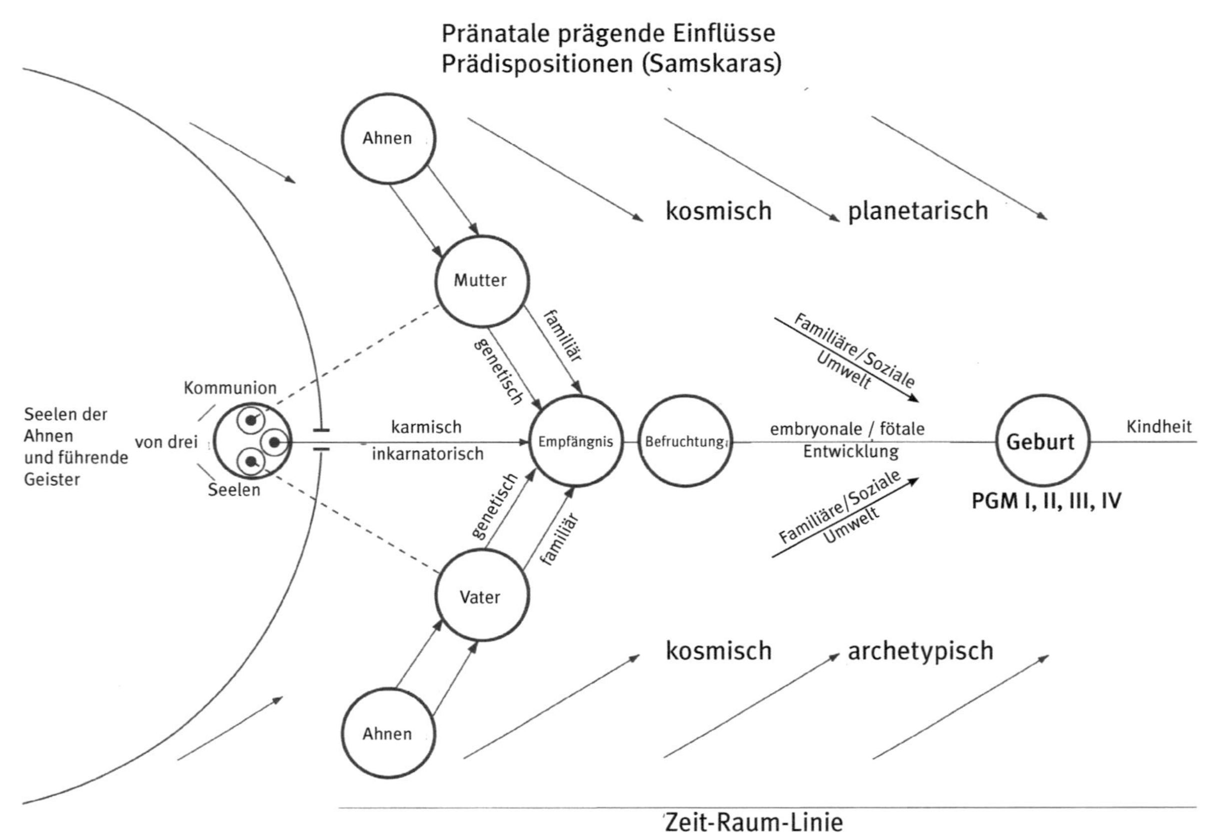
Pränatale prägende Einflüsse
Prädispositionen (Samskaras)
Ahnen
kosmisch
planetarisch
Mutter
genetisch
familiär
Familiäre/Soziale Umwelt
Seelen der Ahnen und führende Geister
Kommunion von drei Seelen
karmisch
inkarnatorisch
Empfängnis
Befruchtung
embryonale / fötale Entwicklung
Geburt
Kindheit
PGM I, II, III, IV
Familiäre/Soziale Umwelt
genetisch
familiär
Vater
kosmisch
archetypisch
Ahnen
Zeit-Raum-Linie

Dispositionen das „Gen der Gewalttätigkeit" in eine rezessive Ruhephase versetzt werden kann.

Diese Kinder, die mit voller elterlicher Anerkennung und Unterstützung ihrer spirituellen Existenz und göttlichen Herkunft geboren werden, ob mit oder ohne Wasser als Umgebung, sind Kinder, die nicht leicht durch Drohungen manipuliert oder durch Unehrlichkeit getäuscht werden können. Sie scheinen zu wissen, dass sie souveräne Seelen sind und gleich wie alle anderen Seelen Anerkennung und Respekt verdienen, auch in der Säuglings- und Kindheitsphase ihres Lebens, in der sie noch vollständig von elterlicher Fürsorge und Unterstützung abhängig sind. Wie Kinder, die bewusst empfangen wurden, so wie Emerson es geschildert hat, oder wie die Kinder mit indigofarbener Aura, wie einige Pädagogen es beschrieben haben, wissen sie, dass sie den gleichen Zugang zur Geistesquelle haben, und vertrauen auf ihre Fähigkeit zu lernen, zu wachsen und die Potenziale ihrer Seele zu entfalten.

Die Grafik auf Seite 34 zeigt einen zusammenfassenden Überblick dessen, was wir von der prä- und perinatalen Psychologie gelernt haben, ebenso wie aus esoterischen Lehren über die pränatale Periode. *Samskaras* (aus *sam,* „zusammen", und *kri,* „machen") sind assoziative Prägungen, Kennzeichen, Spuren oder Bahnen, die unser Denken, Fühlen und Wahrnehmen in verschiedener Weise vorherbestimmen. So sind zum Beispiel genetische Anlagen für bestimmte Krankheiten oder Schwächen *Samskaras.* Aber in anderen Individuen können dagegen auch *Samskaras* der genetischen Robustheit und der angeborenen Abwehrkraft gegen bestimmte Krankheiten vorliegen, oder *Samskaras* der Charakterstärke und Gesundheit.

Daneben gibt es auch familiäre, angestammte, religiöse und ethnische Prädispositionen – Traditionen, Gewohnheiten, Talente, Interessen und Begabungen. Dies sind Gewohnheiten des Denkens und des Handelns, die von Großeltern, Onkeln und Tanten und ebenso von den Eltern weitergegeben werden – wenn sie etwa zu ihren Kindern sagen „In unserer Familie haben wir immer ...". Bei meinem alchemistischen Divinationstraining wird eine der Übungen *Wiederverbindung und Aussöhnung mit den Vorfahren* genannt. Im nächsten Kapitel werde ich von den Beobachtungen und Erkenntnissen berichten, die sich aus dem bewussten Einstimmen auf die Ahnenlinie und die damit verbundenen Gaben und Schwierigkeiten ergeben. Die Grafik zeigt darüber hinaus die *physischen Umweltfaktoren* (wie z.B. das Klima oder die Gesundheit der Mutter), die *sozialen Faktoren* (z.B. das Leben der Familie in Armut oder Krieg) und die *familiären Faktoren* (z.B. das Verlassen durch den Vater oder das Sterben der Großeltern), die eine bedeutende Rolle für die pränatale Entwicklung und den Geburtsprozess selbst spielen können.

In der alten divinatorischen Kunst der Astrologie werden die Positionen der Planeten in unserem Sonnensystem und ihre geometrische Stellung bei der Geburt als wichtige symbolische Indikatoren für die Herausforderungen und Möglichkeiten des kommenden Lebens gesehen. Beziehen wir die Umweltfaktoren des Klimas und Gesundheit der örtlichen Umgebung als Einflussfaktoren der Kindheit, Geburt und des pränatalen Lebens mit ein, kann man argumentieren, dass es dann kein großer Schritt ist, sich vorzustellen, dass die gegenwärtigen Positionen und Stellungen der anderen Planeten in unserem Sonnensystem ebenfalls einen Einfluß auf das Leben und das Bewusstsein auf der Erde haben. Denn unser Heimatplanet Erde ist schließlich in die komplexen und sich stets verändernden Gravitationsfelder und des Elektromagnetismus unseres Sonnensystems eingebettet.

2
Pränatale Prägungen und Verbindungen mit den Ahnen

Psychologische Untersuchungen der Wahrnehmungen, Gefühle, Gedanken und Kommunikationsfähigkeiten des Kindes vor der Geburt, wie sie in den Arbeiten von Thomas Verny, David Chamberlain und anderen geschildert werden, haben eine ausgedehnte Welt pränataler Erfahrungen enthüllt, die in jeder Hinsicht so reich und differenziert ist wie die Erfahrungswelt der Neugeborenen und Säuglinge. In hypnotherapeutischen Rückführungstrancen haben Erwachsene über Details der Gespräche und Ereignisse in ihrer familiären und sozialen Umgebung während ihrer Zeit im Mutterleib berichtet. Die beiden folgenden Beispiele sind aus den Schriften von David Chamberlain:

> Eine Frau, deren Mutter Konzertcellistin war, konnte ihre ekstatische Reaktion auf J. S. Bachs Cello-Suiten darauf zurückführen, dass ihre Mutter diese während der Schwangerschaft gespielt hatte.

> Ein Mann führte sein besonders negatives Bauchgefühl gegenüber Autos der Marke Buick auf die Reaktion seines Vaters zurück, als dieser von der Schwangerschaft seiner Frau erfuhr: „… dass wir uns verdammt nochmal jetzt den Buick nicht werden leisten können, den ich immer haben wollte“.

Der emotionale Zustand der Mutter während der Schwangerschaft wird von dem Fötus, den sie in sich trägt, vollständig aufgenommen und als völlige Identifizierung erfahren. Während einer pränatalen Rückführung mit einem milden Psychedelikum und Yoga-*Asanas* berichtete eine Frau in einem meiner Workshops:

> Als ich meine Haltung in die Kindposition veränderte, brachte mich das unmittelbar in die pränatale Phase. Im Bauch meiner Mutter erfahre ich, dass ich mich kalt fühle, nicht sicher, allein und ängstlich. Ich erkenne das

als die Gefühle meiner Mutter. Ich spüre, dass ich nicht erwünscht bin – bei der Geburt meines Bruders wäre meine Mutter fast gestorben. Mir ist bewusst, dass mein Vater eigentlich einen zweiten Jungen möchte – ich fühle Traurigkeit darüber und sehe plötzlich, wie ich mein Mädchensein als falsch empfunden und zurückgewiesen habe. Ich sehe, dass ich während des Heranwachsens deshalb immer versucht habe, mich wie ein Junge zu verhalten, und zum Beispiel anfing zu rauchen."

Während therapeutische Behandlungen sich normalerweise darauf konzentrieren, die Wurzeln von gestörten und quälenden Strukturen zu erkennen und aufzulösen, werden aber ebenso auch gesunde und positive Zustände vom Fötus angenommen. Wenn das emotionale Klima von mütterlicher und familiärer Seite eines der freudigen Erwartung und Begeisterung ist, schafft dies die lebenslange Basis für grundlegenden Optimismus und Freude am Dasein.

Nicht nur die seelische Befindlichkeit der Mutter, sondern auch die des Vaters und der anderen Familienmitglieder, Geschwister und Großeltern, werden vom Kind vor der Geburt registriert. Elterliche oder familiäre Konflikte in der pränatalen Phase können auf die fötale Psyche und spätere Charaktereigenschaften signifikanten Einfluss nehmen. Der Fötus nimmt wahrscheinlich an, dass er/sie die Ursache des elterlichen Konflikts ist, so wie man es von kleinen Kindern kennt, die oft Verantwortung für familiäre Konflikte auf sich nehmen.

Das Bereuen der Schwangerschaft oder die vorübergehende Idee eines Abbruchs können im pränatalen Fötus tiefsitzende Gefühle des Nichterwünschtseins hinterlassen. Versuche, den Fötus abzutreiben, können verheerende Wirkungen auf die fötale Seele und den Charakter des Kindes haben. Der australische Psychiater Graham Farrant (1933–1963), einer der Pioniere der pränatalen Rückführung, hat in seinen Schriften davon berichtet, wie er von seiner Mutter seine subjektive fötale Erinnerung an einen für ihn fast tödlichen Abtreibungsversuch bestätigt bekam – und in der Folge diese mörderische Wunde heilte.

Therapeuten und Heilpraktiker, die auf diesem verstörenden (und politisch aufgeladenen) Gebiet arbeiten, haben Methoden entwickelt, um die Nachwirkungen von Abtreibungsversuchen beim Neugeborenen zu bearbeiten, wie auch die Schuld- und Reuegefühle von Frauen (und ihren Partnern) nach Abtreibungen. Anhand unseres heutigen Wissens über die Sensitivität und Kommunikationsfähigkeit des Ungeborenen können Eltern verstehen, dass sie ihre Bedenken mit dem ungeborenen Kind teilen, seine Seele um Vergebung bitten und diese erhalten können, dafür, dass sie ein Gefährt, auf das sie nicht vorbereitet waren oder das Defekte aufweist, abgetrieben haben. In einigen Fällen, von denen Jane English berichtet und die ich auch selbst beobachtet habe, haben solche Gespräche von Seele zu Seele zu spontanen Fehlgeburten geführt, die eine Abtreibung überflüssig machten.

Auch elterliche Hoffnungen auf ein Kind mit einem bestimmten Geschlecht spielen eine wichtige Rolle für unsere pränatale Existenz, wie wir in unseren Gruppen bei bewussten Rückführungen in die pränatale Phase festgestellt haben und wie es auch von vielen pränatalen Therapeuten berichtet wird. Der Wunsch meiner eigenen Mutter nach einem Mädchen als ihr zweites Kind, das dann ich wurde, drückte sich noch so aus, dass sie mich als Kleinkind in Mädchenkleider steckte; diese Behandlung scheint bei mir eine dauerhafte Empfänglichkeit für das weibliche Geschlecht hinterlassen zu haben, und vielleicht sogar eine psychologische Nähe zu einer feministischem Gesellschaftsauffassung und der Spiritualität der Göttin.

Andererseits habe ich oft Geschichten von Frauen gehört, die versuchten, ihre psychosexuelle Entwicklung in eine jungenhafte Richtung und zu maskulinen Sportarten zu lenken, um die unbewussten oder bewussten Wünsche ihres Vaters zu erfüllen. Weil das Geschlecht des Kindes bei der Empfängnis festgelegt wird, werden die Erwartungen, Hoffnungen und Wünsche zum Teil der seelischen Matrix, in die der Embryo und der Fötus in der vorgeburtlichen Phase eingebettet sind.

Als ein Ergebnis der Arbeit auf diesem Feld sind Frauen (und Männer) sich über die Realität der gegenseitigen Einstimmung von Mutter und Fötus während der pränatalen Periode bewusster geworden und haben Schritte unternommen, um Missverständnisse auszuräumen. Eine Frau in einer meiner Gruppen, die an ihrer Kindheitsbeziehung zu ihren Eltern arbeitete, wurde auf die Störung in ihrer Beziehung mit ihrem achtjährigen Sohn aufmerksam und sah, wie sie diese heilen konnte.

> Mir wurden einige Dinge über meine Kinder gezeigt, die ich klären muss. Eines betrifft meinen Sohn, der sich irgendwie nicht vollständig geliebt fühlt, weil er kein Mädchen ist. Irgendwann hatte ich einmal eine leichtfertige Bemerkung geäußert, dass ich nicht wüsste, was ich mit einem Jungen anfangen sollte. Und auf einer bestimmten Ebene fühlt er sich nicht vollständig geliebt, weil er kein Mädchen ist. Aber eigentlich war ich immer völlig offen dafür, was für ein Kind ich bekomme, und ich hätte nicht glücklicher sein können als mit einem Jungen als erstes Kind. Das muss ich ihn wirklich wissen lassen.

Die gesellschaftlichen Bedingungen während der pränatalen Periode, etwa Krieg oder wirtschaftliche Depression, können den Gefühlszustand der Mutter (und des Vaters) ebenso beeinflussen wie den des Fötus oder des Kindes. Die Verbindung zwischen der Lage der Familie und dem wahrscheinlichen Zustand der Mutter herzustellen reicht manchmal schon aus, um eine unbewusste gegenseitige Identifikation in ein empathisches Verstehen zu verwandeln. Ein Beispiel aus meinen Fallgeschichten:

> Ein Mann in seinen Sechzigern, der an chronischer Depression, Enttäuschung und Antriebslosigkeit litt, konnte eine Verbindung zur Stimmung seiner Mutter während seines pränatalen Lebens herstellen. Er war in den Jahren der Depression in den 1930ern geboren, und der Vater seiner Mutter starb, während sie schwanger war. Die düstere Stimmung von Trauer und Verzweiflung der Mutter war auf den Fötus als eine bedrückende, einengende Körper-Maske übergegangen, das exakte subjektive Äquivalent seines lebenslangen Zustands. Er stimmte sich mit Atmen und Meditation ein, drückte Dankbarkeit gegenüber seiner lange verstorbenen Mutter aus und erbat ihren Segen – und erlebte eine enorme Entspannung und Erweiterung seines emotionalen Energiefelds.

Ein Kind kann in einer Familie empfangen und geboren werden, in der beide Eltern aus verschiedenen, einander möglicherweise bekriegenden Clans, Klassen oder Nationen stammen. Das Paar, das sich angesichts eines größeren sozialen oder familiären Konflikts für die Liebe und für ein Kind entscheidet, bestärkt die Macht und die Hoffnung der Liebe und des Lebens im Angesicht von Hass und

Tod. Es ist die archetypische Geschichte von *Romeo und Julia* und zahllosen anderen Liebespaaren in der Weltliteratur und im Film. In unseren Divinationen der pränatalen Periode haben wir festgestellt, dass in solchen Situationen, in denen die Eltern stark unterschiedliche Hintergründe haben, ein Aspekt der Mission der Seele darin bestehen kann, diese Differenzen zu überbrücken.

Bei meiner Arbeit in Europa, mit Menschen, die während des Zweiten Weltkriegs oder danach geboren sind, habe ich solche Einflüsse oft feststellen können. Es ist auch die Geschichte meiner Eltern – meines deutschen Vaters und meiner britischen Mutter, die ihre Kinder während des Kriegs zwischen diesen Nationen aufzogen. Es liegt eine besondere Eindringlichkeit in diesen Lebensgeschichten von Eltern aus sich bekriegenden Ländern, Stämmen oder Familien, die heiraten, ein Kind zeugen, und dann zieht der Vater in den Krieg. Keines der Elternteile weiß, ob er lebend wieder zurückkehrt, oder verwundet oder traumatisiert. Eine junge Mutter, die ihren Mann während der Schwangerschaft verliert, kann tiefe Trauer und Bitterkeit empfinden, die von dem ungeborenen Kind aufgenommen wird, ohne dass es ihren Ursprung kennt.

Divination der elterlichen Prägungen bei der Empfängnis

Um dich vorzubereiten, wähle eine ruhige Zeit und einen ruhigen Ort in deinem Leben und gehe in einen Meditationszustand. Zentriere deine Aufmerksamkeit und Identität in der Höhle des Herzens, das ist der gesamte Bereich der Brust von den Schultern bis an den oberen Bauch. Erbitte den Segen und Beistand deines Gurus und/oder deiner geistigen Helfer. Entzünde die reinigende Licht-Feuer-Energie-Sonne im Herzzentrum und konzentriere dich auf die Gegenwart von Empathie und Ausgeglichenheit.

Um dich auf das Ereignis der Empfängnis von der Seite der Mutter einzustimmen, wende dich an den linken hinteren Eingang der Höhle des Herzens. Bitte darum, zu erfahren, zu fühlen oder zu spüren – wie war der Zustand des Geistes und des Herzens deiner Mutter zu dieser Zeit ihres Lebens? Was waren die Werte der Familie und ihre Vorstellungen zu dieser Zeit ihres Lebens? Welche Liebe empfand sie gegenüber ihrem Mann, deinem Vater? Wie war die Sexualität in dieser Beziehung? Was waren ihre Erwartungen –

positive und negative – die sie mit der Schwangerschaft verband, und damit, ein Kind zu bekommen, oder ein weiteres Kind, oder ein Kind eines bestimmten Geschlechts, ihre Wünsche, ihre Hoffnungen, ihre Ängste?

Wenn du über die Antworten dieser Selbstbefragung nachdenkst, beachte und erkenne, dass die Muster von Gedanken, Gefühlen und Empfindungen, die du als von deiner Mutter stammende identifiziert hast, auch ein Teil deines Wesens geworden sind, ausgeprägte Fäden im Gewebe deines Lebens. Du kannst dann diese Linien oder Muster (z.B. neurotische Ängste) auflösen; denn du hattest als Kind nicht die Wahl, sie anzunehmen, aber sie sind für deinen Lebenszweck (und den deiner Mutter) nicht mehr dienlich.

Du kannst dann die divinatorische Befragung für die väterliche Seite wiederholen, indem du dich an den rechten hintern Eingang der Höhle des Herzens wendest. Du kannst dieselben Fragen stellen über den Zustand des Geistes und des Herzens deines Vaters, zur Zeit der Empfängnis und als du geboren wurdest. Eine zusätzliche Frage, die du stellen könntest, besonders auf der väterlichen Seite, ist, wie er den Zustand der Welt sah, die politischen und ökonomische Lage, die praktische Realität der Arbeit oder des Kriegs, die vielleicht seine Abwesenheit von Mutter und Kind erfordern würden. Auch hier kannst du, wenn du die Prägungen deiner Psyche von väterlicher Seite identifiziert hast, die Stärken – mit Dankbarkeit – beibehalten, und die Schwächen mitfühlend auflösen.

Meilensteine der pränatalen Reise

Wie die Grafik auf Seite 34 zeigt, können bei der bewussten Rückführung zur Empfängnis drei Stränge oder Bahnen von Erinnerungsprägungen ausgemacht werden: *erstens* die genetische Erbschaft der mütterlichen und väterlichen Familien, die genetischen Stärken und Schwächen; *zweitens* die Persönlichkeit, die Haltungen, die sexuellen Konditionierungen und die existenzielle Orientierung beider Eltern. Diese Faktoren werden dem Embryo bei der Empfängnis und auch danach während der pränatalen Periode eingeprägt – und sie können während einer bewussten Rückführung identifiziert werden.

Der *dritte* Strang von Prägungen bei der Empfängnis sind die jeweiligen *zellularen Erinnerungen* der subjektiven Erfahrungen des Spermiums und des Eis, ihr Ursprung (Ovulation, Spermatogenese) und das Klima ihres Vereinigungsakts. Auch diese können bei bewussten Rückführungsreisen wieder ins Gedächtnis gerufen werden, oft im Zusammenhang mit dem emotionalen Zustand eines der beiden Partner. Die folgenden zwei Berichte zeigen, wie diese Art von Verbindungen hergestellt werden kann.

> (Mann) In einer der Sitzungen fühlte ich mich wirklich so, als wäre ich ein Spermium. Es war eine wirkliche Erfahrung, mit all dieser Gewalt, die auf so engem Raum eingeschlossen war, darauf zu warten, auszubrechen und diese Gewalt in Macht zu verwandeln. Weil das einzige, was ich zu dieser Zeit kannte, Gewalt war, versuchte ich diese Umwandlung mit Gewalt. Wo auch immer ich war, ich fühlte, wie ich freigegeben wurde, und schoss dann mit enormer Wut, Kraft und Zielstrebigkeit eine Röhre hinab. Und ich merkte plötzlich, dass ich mein ganzes Leben lang gestoßen und gestoßen hatte, für Dinge, die ich erledigt haben wollte – mit weniger guten Ergebnissen. Dass ich als Frühgeburt auf die Welt kam, passt dazu.

> (Frau) Als ich tiefer in die pränatale Phase rutsche, nehme ich mich als winzigen Punkt wahr und beobachte, wie die Eizelle meiner Mutter und die Samenzelle meines Vaters sich einander nähern. Ich fühle das Widerstreben der Eizelle – sie will sich nicht mit der Samenzelle vereinigen und eins werden. Ich fühle den Widerstand meiner Mutter deutlich, sich mit einem Mann zu vereinigen. Sie will allein bleiben und empfindet die anstehende Vereinigung als Bedrohung. Ich fühle auch, dass der Samenzelle meines Vaters die Vereinigung mit dem Ei widerstrebt. Dahinter steht der Argwohn meines Vaters gegenüber dem Weiblichen. Ich spüre deutlich das Widerstreben beider Eltern, Samen und Eizelle zu vereinigen – und wie dieser Widerstand gegen die Vereinigung in alle Zellen meines Körpers eingebaut ist. Meine erste Reaktion darauf ist Bestürzung, Schock, Trauer und Hilflosigkeit. Aber dann ist da auch eine sanfte Akzeptanz der Realität diese ursprünglichen Befruchtungsakts.

Nicht nur die Empfängnis, auch die Entdeckung, die Einnistung, die Form der Plazenta und andere Schlüsselereignisse der Embryogenese haben erkennbare und möglicherweise traumatische Einflüsse auf die spätere Charakterbildung. Bei der Empfängnis werden uns die elterlichen Haltungen zu Liebe und Sexualität eingeprägt – denn die Empfängnis ereignet sich nun einmal während einer sexuellen Erfahrung der Eltern. Bei der *Entdeckung*, wenn Mutter und Vater feststellen, dass die Empfängnis stattgefunden hat (was manchmal bis zu zwei Wochen nach dem Ereignis sein kann), empfangen wir alle die Erwartungen, hoffnungsvolle und angstvolle, die mit dem Kind, oder einem weiteren Kind oder mit einem Kind eines bestimmten Geschlechts verbunden sind.

In einem Workshop von William Emerson, an dem ich teilnahm, wurde er gefragt, welche Auswirkungen es auf die spätere Charakterbildung hat, wenn *Empfängnis und Entdeckung gleichzeitig*, das heißt *bewusst und beabsichtigt stattfinden*. Emerson antwortete, dass – auf der Basis seiner Beobachtungen von 20 bis 30 solcher Eltern-Kind-Paare – die bewusst empfangenen Kinder eine besonders ausgeprägte Präsenz hätten, beinahe so etwas wie ein Gefühl des Anspruchs, die Ausstrahlung ihrer Erwartung, als das spirituelle Wesen, das sie sind, anerkannt und respektiert zu werden. Ich musste sofort an meine Tochter denken, die bewusst empfangen worden war und sehr deutlich diese Haltung gegenüber der Welt einnahm; wogegen in mir selbst diese Haltung nur durch bewusste Arbeit an mir selbst als Erwachsener entstanden ist.

Bei der Einnistung heftet der Embryo sich an die Wand der Gebärmutter und entwickelt eine Plazenta und die Nabelschnur – durch die er künftig alle Nahrungsmittel der Mutter bezieht – energetisch, biochemisch und emotional. Weil der Nabel die Stelle ist, durch die diese Prägungen während der pränatalen Phase kommen, kann die Betrachtung dieses Zentrums mit dem reinigenden Feuer vorurteilsfreier Aufmerksamkeit dazu dienen, karmische Prägungen der Vorfahren zu entwirren, ebenso wie mütterliche Empfindungen über den Körper, die Ernährung und das Aufziehen. Auch wenn der Begriff „Nabelschau“ eher eine sarkastische Abwertung narzisstischer Selbstbetrachtung darstellt, könnte diese Übung in der Praxis also einen durchaus heilenden Wert haben.

Auch wenn man allgemein glaubt, dass das Leben mit der Befruchtung beginnt, könnte man auch sagen, dass der befruchtete Same wie bei Pflanzen oder Bäumen eingepflanzt oder verwurzelt sein muss, bevor er zu wachsen beginnen kann. Embryologen schätzen, dass es bis zu 50 Prozent der befruchteten Keimzellen nicht bis zur Einnistung schaffen, d.h. entweder spontan ausgeschieden oder von Uterusgewebe wieder absorbiert werden. Die Fähigkeit der Mutter, sich selbst zu nähren und physische und emotionale Nahrung zu empfangen, ist eindeutig entscheidend für eine erfolgreiche Einnistung.

Die subjektive Erfahrung des Einnistungsvorgangs, die auch noch durch das gesamte Leben einer erwachsenen Person nachwirken kann, dreht sich um Themen der Sicherheit und Erdverbundenheit – einen Platz zum Leben zu finden, einen Platz in der Welt, um Wurzeln zu schlagen, sich sicher und genährt zu fühlen. Wie Emerson schreibt: „Jedes Mal, wenn wir nach einem Heim suchen oder nur nach einem Platz, um über Nacht zu bleiben, wiederholen wir möglicherweise unsere Einnistungsreise." (Emerson, W.: *Remembering Our Home,* S. 66)

Eine der meditativen Divinationen, die ich in meinen Workshops unterrichte, heißt *Die Entfaltung des Lebensbaums.* Darin folgen wir den analogen Entsprechungen zwischen dem Wachsen eines Baums und dem Wachsen des menschlichen Lebens und zeichnen dann einen Baum, der unseren eigenen, einzigartigen Lebensweg porträtiert. In diesem Prozess entspricht die Geburt dem Moment, in dem der verwurzelte Samen das erste Mal durch die Erde bricht, in das Sonnenlicht und die Luft; die angestammten und genetischen Muster entsprechen den Wurzeln des Baums; und der in der dunklen Erde gepflanzte Samen dem befruchteten Ei in der nährstoffreichen Gebärmutter, d.h. der Einnistung.

In der Ursprungsmythologie der nordamerikanischen Indianer gibt es viele Variationen eines *Mythos vom Erdtaucher,* der die manchmal gefährliche Einnistungsreise der Seelenzelle symbolisiert. In diesen Mythen steigen verschiedene Tiere in einer Folge in die urzeitlichen Wasser herab, um etwas Sand oder Schlamm heraufzuholen, aus dem die Erde geformt wird. Ein Tier nach dem anderen versagt dabei und ertrinkt, bis dann das letzte erfolgreich ist und in seinen Krallen oder Pfoten ein bisschen Schlamm heraufbringt. Wenn dieses Stückchen die Wasseroberfläche erreicht, dehnt es sich auf magische Weise aus und wird zu der Erde, wie wir sie kennen und auf der wir unser Leben verbringen. Auf diese Art kann, wenn das befruchtete Ei sich in der Gebärmutter verwurzelt hat und ernährt wird, der Prozess des embryonalen und fötalen Wachstums beginnen.

Erinnerungen der Seele vor der Empfängnis

Als die Therapeuten der pränatalen Rückführung ihre Untersuchungen auf die Zeit vor der Empfängnis ausdehnten, stießen sie auf Erinnerungen und Gefühle, die scheinbar aus einer nicht-physikalischen Ebene der Existenz stammen, aber über eine genaue Kenntnis des anstehenden Eintritts in den Mutterleib verfügen. William Emerson unterschied deutlich zwei Gefühlskomplexe, die aus der Zeit vor der Empfängnis kommen und eine lang andauernde Wirkung auf das Leben haben können, bis sie aufgelöst werden. Den einen Komplex nannte er „göttliches Heimweh" – das Gefühl, in den Himmel zurückkehren zu wollen, aus dem man gekommen ist; und den anderen „göttliches Exil" – das Gefühl, dass man von Gott verstossen oder abgewiesen wurde. Ähnlich schrieb Ray Castellino:

> […] die Art, wie das ursprüngliche Bewusstsein die andere Seite verlässt, bestimmt das ursprüngliche existenzielle Dilemma der Trennung, des Alleinseins, des Verlusts und der Sehnsucht. Das ist das Dilemma, auf der Erde zu sein, sich nach der anderen Seite zu sehnen und „ein Fremder in einem fremden Land" zu sein.
>
> Castellino, R.: *The Polarity Therapy Paradigm Regarding Pre-Conception,* S. 20

Wenn Erwachsene in die Phase vor der Empfängnis zurückgeführt werden, können sie sich an ein Gefühl des Gleitens in einem nicht-physikalischen Raum erinnern, in der Nähe oder Umgebung der Mutter und des Vaters, und dass sie dabei eine Art Wahl treffen, eine Bereitschaft in ein neues Leben *hineinzukommen,* oder *hinunterzukommen* in einer Art Tunnel oder Rutsche. Sie können sich an telepathische Unterhaltungen mit der Mutter und dem Vater erinnern und auch mit anderen, welche die Großeltern sein könnten, weise Führer oder engelhafte Wesen. Sehr kleine Kinder berichten manchmal von solchen Seelenerinnerungen, wenn die Eltern dafür empfänglich sind. Auch wenn kleine

Kinder davon berichten, erscheinen die Seelen in diesen Kommunikationen in einer ruhigen, selbstsicheren Weise.

> Mary, eine meiner Studierenden der Divinationsarbeit, berichtete, dass ihre vierjährige Tochter ihrer Mutter spontan erzählte, dass sie, als sie „vorher im Himmel war", ihre Mutter dauernd gedrängt hätte, „sich zu beeilen und mit Bill zusammenzukommen", ihren künftigen Ehemann und Vater, weil sie begierig war „loszugehen und hineinzukommen".
>
> Eine Frau berichtete, dass sie als sehr kleines Kind im Alter von zwei oder drei Jahren ihrer Mutter erzählte, dass sie sich daran erinnerte, dass sie von jemandem aufgefordert wurde, zu gehen und ihrer Mutter geboren zu werden, denn „sie brauchte mich". Sie erinnerte sich, dass sie einverstanden war – und dass sie ein blaues Licht über der Stelle war, an der ihre Mutter schlief. „Ich leuchtete irgendwie in sie hinein." Sie erinnerte sich, dass ihr Vater sie nicht wollte und verlangte, dass die Mutter das Kind abtreiben solle – aber sie überlebte, als die Mutter ihren Drogenkonsum beendete und ihrem Leben eine Wende gab.
>
> Aus: Hallett, E.: *Stories of the Unborn Soul*

Fehlgeburten können vom ungeborenen Kind gewählt und in den Träumen der Eltern angekündigt werden. Es können Kommunikationen stattfinden mit der ungeborenen Kinderseele, die empfangen wurde, sich jedoch entscheidet, nicht geboren zu werden, aus Mitleid mit dem Vater und der Mutter.

> Der Ehemann einer Frau mit einer schwierigen Zwillingsschwangerschaft träumte von einem jungen Mann, der zu ihm kam und sagte: „Papa, ich bin gekommen, um dir zu sagen, dass ich mit meiner Schwester gesprochen habe, und wir haben entschieden, dass jetzt nicht die Zeit ist, dass wir beide kommen. Sie wird zuerst kommen, und ich komme später, wenn die Zeit richtig ist." Es stellte sich heraus, dass nur einer der Zwillinge überlebensfähig war. Eine gesunde Tochter kam zur Welt, und ein Bruder folgte 20 Monate später.
>
> Hallett, a.a.O..

Wo Erinnerungen und Kommunikationen der Seele spontan in jungen Kindern aufzutreten scheinen, können sie bei Erwachsenen in Träumen oder tiefenhypnotischen Zuständen auftreten, wenn wir ein Stück der gewöhnlichen Raum-Zeit-Dimension entrückt sind. Oder die Kommunikationen können über ein Medium vermittelt werden.

> Ein Paar hatte versucht, ein Kind zu empfangen, und schon einen Fehlversuch hinter sich. Sie nahmen an einer medialen Sitzung von Alice Ann Parker teil, die zu dieser Zeit ein spirituelles Wesen namens Menos channelte. Sie hatten Parker nichts über ihren Kinderwunsch erzählt. Mitten in der Sitzung fragte Parker überraschend nach einem Namen und sagte: „Es ist jemand Wichtiges in eurem Leben, jemand, der euch inspiriert." Am nächsten Tag erfuhren sie, dass der Schwangerschaftstest positiv ausgefallen war. Und realisierten dann, dass dieser Name der Name des Kindes sein musste, das gerade im Mutterleib angekommen war und seine Ankunft ankündigte.

Bei meinen alchemistischen Divinationen stellen wir, nachdem wir uns auf die von unseren Eltern zum Zeitpunkt der Empfängnis angenommenen Eigenschaften eingestimmt haben, manchmal die Frage: *Warum hat meine Seele diese Familie ausgesucht, um darin geboren zu werden ?* In einer dieser Divinationen entdeckte eine Frau, die mit ihrem ersten Kind schwanger war, in sich eine besonders starke Verbindung zu der Mutterlinie und einer Schwesternschaft von Müttern und Töchtern.

> Ich fragte zu Beginn, warum ich diese Familie gewählt habe, weil das eine sehr merkwürdige Wahl zu sein scheint. Als ich empfangen wurde, wurde mir klar, dass meine Mutter meinen Vater erkannte. Aber mein Vater erkannte meine Mutter nicht; meine Mutter erkannte, wer mein Vater als Seele war. Es war, als würde meine Seele sagen: „Ich muss mich erinnern, euch zu erkennen, was immer auch in meinem Leben geschieht. Wenn ich euch sehe, werde ich euch erkennen." [...] Ich hatte nie eine Schwester, nur einen Bruder. Ich wusste nicht, wie es ist, eine Schwester zu haben – bis jetzt, wo ich alle meine Schwestern finde, Schwestern, die schon immer bei mir waren. Deshalb bin ich hier – um diese Schwesternschaft

> zu entwickeln und zu stärken. Ich fühlte die spirituelle Verbindung zur Linie der Mütter. Und ich erkannte meine Mutter und meine Großmutter als meine Schwestern [...] und die Töchter meines Partners und seine Ex-Frau als meine Schwestern. Ich sah, dass ich nicht bereit war, Mutter zu sein, bis ich diese Erfahrung gemacht hatte, bis ich vollständig wusste, was es für eine Seele bedeutet, die Wahl zu treffen, in einen Körper zu kommen und was es für sie bedeutet, hierher zu kommen, und für mich, sie anzuerkennen. Und ja, ich bekomme ein Mädchen.

Manchmal scheint die Wahl der Eltern durch eine Seele eine Art Erledigung karmischer Verstrickungen oder Verschuldung aus einer anderen Existenz zu sein. Klienten, die ich auf solchen Seelenreisen begleitete, sagten manchmal: „Ich soll meine Eltern ausgewählt haben? Nie in tausend Jahre hätte ich diese Leute gewählt", und ich musste sie dann daran erinnern, das wir hier von der Seele und nicht von der Persönlichkeit sprechen. Paradoxerweise kann sich eine Seele aus karmischen Gründen eine schwierige Familiensituation aussuchen, um geboren zu werden.

> Eine Frau, mit der ich bei einer solchen Seelenreise arbeitete, fand heraus, dass ihre Lebensaufgabe darin bestand, „das Lieben zu lernen"– eine Antwort, die man oft hört. Sie reflektiert die tiefe spirituelle Wahrheit, dass der Erdenpfad ein Pfad ist, auf dem man lernt, zu dienen und zu lieben. Ich fragte sie dann weiter, warum ihre Seele eine Familie gewählt hatte, in der die Mutter sie mit so viel Bosheit verfolgte und grausam behandelte. Sie antwortete, dass es ihre Wahl gewesen sei, in einer Umgebung Liebe zu lernen, in der ihr als Kind wenig Liebe entgegengebracht wurde. Wir kamen zu dem Schluss, dass da eine karmische Schuld zwischen diesen beiden Seelen aus einem vorigen Leben sein musste, die sie abarbeiten mussten oder wollten. Und dass weitere Rückführungsarbeit diese karmischen Verstrickungen vielleicht auflösen könnte.

Die Wahl der Seele in Bezug auf den Lebensweg, die Familie und die Verbindungen könnte einige zu lernende Lektionen aus der vergangenen Lebenszeit enthalten. Als Außenseiter können wir die innersten Details eines anderen Seelenlebens und seines Zwecks nie genau kennen. Als Eltern, Partner oder Freunde können wir gegenseitig die Entfaltung unseres seelischen Potenzials durch bedingungslose Liebe und Verstehen unterstützen. Nur die Person selbst kann Zugang zum Kern ihres Seins finden, wo die eigentliche Vision der Seele erkannt und akzeptiert wird.

> Peter, ein Einzelkind mit einer schwierigen Beziehung zu seinem Vater, berichtete, dass sein Vater, als er noch jünger war, zu ihm öfter im Scherz sagte: „Weißt du, ich bin nicht dein Vater, ha ha." Dieser idiotische Scherz verwirrte den Sohn, der dachte, sein Vater würde ihn verlassen. Für mich war dieser Scherz ein Hinweis auf einen verborgenen karmischen Faktor in der Vater-Sohn-Beziehung. Auf die Frage über die Geschichte von Peters Vater stellte sich heraus, dass dessen Vater und sein älterer Bruder beide gestorben waren, als er im Teenageralter war – und ihn ohne ein männliches Vorbild zurückgelassen hatten. Während einer Rückführungstrance, eingestimmt auf die väterliche Linie, fragte ich Peter, ob *er* vielleicht die Reinkarnation des älteren Bruders seines Vaters sei, der so jung gestorben war. Die Tränen in seinen Augen schienen diese Seelenverbindung zu bestätigen und erklärten den grausamen Scherz seines Vaters. Für Peters Vater, der keine Einsicht in die Reinkarnation hatte, kam die Erinnerung an die Beziehung der beiden Brüder in einem früherem Leben auf diese verzerrte Weise durch.

Familiäre Verbindungen mit den Ahnen können mit Seelenverbindungen verknüpft sein. In Träumen und Visionen erscheinen nicht selten die Großeltern als Führer oder Beschützer des Kindes oder als Boten, die eine Empfängnis ankündigen.

> Seit ihrer Kindheit erinnerte sich eine Frau wiederholt daran, auf dem Schoß ihrer Großmutter gesessen zu haben. Ihre Mutter tat das als Phantasie ab, weil die Großmutter sechs Jahre vor der Geburt des Mädchens gestorben war. Doch die Erinnerungen blieben, und die Frau bestand darauf, mit ihrer Großmutter in einem „weißen Raum ohne Wände" gewesen zu sein. Sie sagte, ihre Großmutter hätte ihr Ratschläge für das kommende Leben gegeben. Als sie älter wurde, träumte sie weiter davon, in diesem weißen Raum zu sein und Rat von einer Quelle zu empfangen, die weiser und älter war als sie." (aus Hallett, E., a.a.O.)

Erinnerungen an die Seelenverbindungen zwischen Großeltern und Enkelkindern bestätigen den heilenden Wert, der in solchen Beziehungen bestehen kann. In der Psychologie C. G. Jungs wird die Beziehung zwischen *senex* und *puer* (oder *senecta* und *puella*) als das archetypische Bild einer innerpsychischen Beziehung gesehen – zwischen dem inneren Kind und dem weisen Älteren in jedem von uns. Dennoch kann die eine Generation überbrückende familiäre Beziehung unter den besten Umständen ein sehr wertvolles Geschenk sein, sowohl für die Großeltern wie auch für die Enkelkinder. Sie ist sinnvoll – Großeltern kennen die Eltern sozusagen von ihrer anderen Seite. Sie können den Ausgleich und die Perspektive bieten, die sonst in den emotionalen Turbulenzen unserer frühen Jahre leicht verloren gehen.

Verbindung und Aussöhnung mit den Vorfahren

Ich habe beschrieben, was wir aus den hypnotischen und divinatorischen Rückführungspraktiken über unsere pränatale Existenz gelernt haben und wie wir zu der Erfahrung gelangen können, uns an die Anwesenheit der Seele bei der Empfängnis zu erinnern. Durch diese Arbeit bin ich zu der Einsicht gelangt, dass gewisse Muster in unserer Seele, die scheinbar aus einer Zeit vor der Empfängnis stammen, aus einem zeitlosen Ort im Bewusstsein kommen, jenseits von dem, was wir für die wirkliche Welt von Raum und Zeit halten. Ich bezeichne dies als Ort der *Seelenkommunion,* wo in völliger Übereinstimmung und bedingungsloser Liebe zwischen den drei Seelen der Mutter, des Vaters und des Kindes die Entscheidung getroffen wird, in diese spezifische Familie zu inkarnieren.

Dort gibt es ein tiefes Wissen über die Aufgabe oder den Zweck unseres Lebens, über unsere gewählte Bestimmung und auch ein Bewusstsein und das Akzeptieren karmischer Lektionen, die zu lernen sind, oder von Schuld, die abgetragen werden muss. Die bewusste Verbindung mit den Eltern und den Eltern der Eltern kann enorm heilsame Wirkung und Stärkung für das Individuum mit sich bringen, zu einem besseren Verständnis unseres Lebenszwecks führen und zu dem Gefühl, ein bedingungslos unterstützendes Team hinter sich zu haben. Um eine sinnvollere Verbindung mit seinen Vorfahren zu entwickeln, ist es hilfreich, eine Karte der wichtigsten Familienbeziehungen – ein Genogramm – zu zeichnen.

Das Zeichnen eines Genogramms

Gemäß der von systemischen Familientherapeuten entwickelten Konvention werden die Namen der Männer in einem Rechteck geschrieben, die der Frauen in einem Kreis. Man setzt sich selbst in die Mitte der Seite, mit dem Namen der Mutter in einem Kreis links darüber und dem des Vaters in einem Rechteck rechts darüber, mit verbindenden Linien zwischen ihnen und deinem Namen. Man schreibt am besten ihre Vornamen und nicht „Mutter" und „Vater", um ihre autonome Persönlichkeit und Seele zu betonen. In der Reihe neben dem Namen deiner Mutter und deines Vaters kannst du die Namen ihrer Geschwister auflisten, die Tanten und Onkel, besonders diejenigen, die in deiner Kindheit präsent waren. In die Reihe über den Eltern (d.h. „hinter" ihnen, als würden sie vor dir stehen) setze die Rechtecke und Kreise deiner vier Großeltern. Du kannst weitere Vorfahren notieren, die mehr als zwei Generationen zurückliegen, wenn du einen Grund hast anzunehmen, dass sie eine wichtige Rolle in deiner Familiengeschichte spielten. In der Reihe neben deinem Namen kannst du deine Brüder und Schwestern auflisten und auch deine Gattin, deinen Gatten oder Partner. Und du kannst eine Reihe unter deinem Namen die Kinder einzeichnen, die du und dein/e Partner/innen zur Welt gebracht haben. Schreibe zu jeder Person das Datum ihrer Geburt – und ihres Todes, wenn sie schon gestorben sind. Der Zweck dieses Vorgehens ist, die grundlegenden Fakten der familiären Beziehungen im Sinn zu haben, wenn du die Verbindung mit den Vorfahren herstellst.

Zu Beginn des Einstimmens auf die Seelenverbindung mit ihren Großeltern (oder manchmal auch mit den Eltern) werden manche Leute einwenden: „Ich kannte sie doch gar nicht" oder dass sie schon lange verstorben sind. In unserer Arbeit mit der alchemistischen Divination – sowohl mit als auch ohne Verstärkung durch Entheogene – bestätigt die Lebendigkeit des Kommunikationsaustauschs mit verstorbenen Angehörigen, die stattfinden kann, die Wirklichkeit einer Verbindung, welche die Grenzen von Geburt und Tod überschreitet.

Bei dieser Arbeit hat mich das Konzept der Familienaufstellung von Bert Hellinger nachhaltig beeinflusst, der eine Situation arrangiert, in der Menschen durch „Stellvertreter" in einen Dialog oder eine Begegnung mit verstorbenen Angehörigen treten können, die diese Individuen auf mediale Art zu verkörpern scheinen. In der von mir entwickelten Divinationsarbeit begegnet man den Seelen/Geistern der Vorfahren und Älteren auf einer Art inneren Bühne des Bewusstseins gegenüber und tritt mit ihnen in einen direkten und respektvollen Dialog. Auch wenn es einige Ausnahmen gibt, freuen sich die Geister der verstorbenen Vorfahren meist ebenso darüber, zu einer Verbindung eingeladen zu werden, wie sich die meisten Großeltern während des Lebens über die Verbindung mit ihren Enkeln freuen.

Nur schon die bedingungslose Unterstützung der Ahnen (jenseits der Eltern) zu erfahren, kann sehr stärkend und befreiend sein, besonders in Situationen, wo man die Grosseltern gar nicht lebend „gekannt" hat. Oft sind Menschen erstaunt und erfreut, wenn sie das erste Mal die Kontinuität und Stärke ihrer beiden Abstammungslinien spüren und die Verbindung mit den Seelen der Ahnen erfahren, die nicht mehr leben, aber dennoch mit ihnen verbunden sind. Dies hilft, eine tiefere Perspektive für die persönlichen Konflikte und Schwierigkeiten des gegenwärtigen Lebens zu gewinnen.

> (Frau) Es war wirklich erstaunlich, sich mit meiner Familie zu verbinden. Ich habe soviel Zeit mit diesen Wunden meiner Familie verbracht, an ihnen gearbeitet, dass es einfach wunderbar war, sie so zu halten und alle zu umarmen. Ich konnte ein Bild von ihnen allen vor mir sehen, die Unfruchtbarkeit im Osten Oregons, wo wir lebten, als ich ein Kind war, die grobe Arbeitskleidung, die sie trugen. Ich umhüllte mich mit dem, was sie waren, und empfing daraus eine große Freude, und ich konnte diese Freude und ihr Lachen spüren. Sie sind hart wie Nägel, starke Leute und wirklich voller Mut. Sie waren Bauern, eingewandert aus Schweden. Ich fühlte sie direkt in meinem Rücken. Ich hatte mich nie so nah auf sie eingelassen, wegen des Missbrauchs in der Familie, deshalb war das wirklich ein ziemlicher Trost – und ich kann sehen, wie sehr ich auch ihren abenteuerlustigen Pioniergeist in mir habe.

> (Mann) Ich habe meine Großmutter mütterlicherseits nie getroffen, aber in meiner Vision war sie erfreut, dass ich mich ihr näherte, und sie strahlte. Ich war wirklich überrascht, denn in der Familienmythologie wurde sie meistens ignoriert. Deshalb war ich sehr überrascht über dieses

freudige Strahlen und das Gefühl, ein Teil von ihr zu sein. Ein Onkel, ihr Bruder, starb plötzlich an einem Herzschlag, und ich hatte einigen Streit mit ihm. Er und ich haben uns wirklich verbunden. Er war ein wenig schroff, und ich war ungeschickt in der Beziehung zwischen uns und sagte zu ihm nur: „Hey, Mann" – und er sagte: „Hey, Mann, es ist in Ordnung", und es war eine wundervolle Herzensverbindung. Und diese ganze Sache war offensichtlich einfach Unsinn und Übertreibung. Und ich sagte: „Ich hätte dich wirklich gern in meinem Team." Und er sagte: „Ich bin in deinem Team." Er ist jetzt wohl 12 Jahre tot. Das war wirklich wundervoll.

(Frau) Der Teil, als die Ahnen zu mir kamen – es waren beide Linien zur gleichen Zeit. Ich ging in einen Raum, und beide Seiten waren da. Die Linie meines Vaters war jüdisch, und kleine Leute in schwarz und weiß hockten da und beteten. Auf der Seite meiner Mutter hielten sie um des Überlebens willen zusammen, mit vielen Nahrungsmitteln, und verkrallten sich ineinander. Die Familie meines Vaters hing verzweifelt an Diplomen und Bildung. Alle klammerten sich fest, als hinge ihr Leben davon ab. Sie kamen zu mir und sagten: „Du hast das schon die ganze Zeit gewusst. Deine Aufgabe ist es, das zu ändern. Deine Aufgabe ist es, diese jüdische Angst auszuschalten, und wir sind alle hier, um dir dabei zu helfen." Dann [...] fühlte ich, dass ich in meinem neuen Paradigma verwurzelt war und die Reise beginnen konnte. Und meine Reise war absolute Freude. Und die Behaglichkeit, in meinem Körper zu sein [...] die ganze Sache war so eingebettet, so mit dem Geist verbunden, so zugehörig. Ich habe das in den fünfzig Jahren meines Lebens bisher nie so gefühlt: Behaglichkeit im Körper, Freude und Zugehörigkeit.

Das Verbinden mit den Ahnen wird nicht unbedingt immer als bedingungslose Unterstützung erfahren – zumindest zuerst nicht. In vielen indigenen Gesellschaften mit einer lebendigen schamanischen Tradition in Afrika und Asien sieht man die Ursprünge familiärer oder individueller Konflikte oft in beleidigenden Handlungen gegenüber den Ahnen, die dann ein entsprechendes Versöhnungsritual erfordern, um geheilt zu werden. In den untenstehenden Beispielen münden die Kontakte mit den Vorfahren in eine Art Konfrontation, die eine Anerkennung und Versöhnung nötig machen, bevor die familiäre Unterstützung gewährt wird. Die folgende Erfahrung berichtete ein Teilnehmer in einer meiner Gruppen – ein amerikanischer Jude, der mit einer nichtjüdischen deutschen Frau verheiratet ist.

> Als ich den Kontakt mit meinen Ahnen suchte, nahm ich viele Reihen hintereinanderstehender jüdischer Vorfahren wahr, viele davon Rabbis, die bis ins Mittelalter zurückreichten. Als ich sie begrüßte, war ich überrascht, dass sie mir gegenüber nicht besonders freundlich waren und mich nicht willkommen hießen. Die Haltung, die sie einnahmen, war kalt und distanziert. Als ich – telepathisch – danach fragte, was der Grund für ihre Zurückhaltung sei, wurde mir erklärt, dass sie meine Wahl einer Deutschen als Ehefrau in Frage stellten. Ich erklärte ihnen dann die Geschichte meiner Beziehung mit ihr, was meine Frau mir bedeutete, und die Eigenschaften, um derentwillen ich sie ausgewählt hatte, anstatt nach traditioneller Erwartung ein jüdisches Mädchen. Die Vorfahren hörten meine Erklärung an und nickten dann, um zu zeigen, dass sie zufrieden mit meiner Erklärung waren. Die Begegnung endete mit einer feierlichen Würdigung unserer Verbindung und Abstammung.

Im folgenden Bericht beschreibt ein Mann aus Deutschland, wie er in der Lage war, ein tiefes Gefühl von Scham zu heilen, von dem die Männer seiner Familie seit Generationen betroffen waren.

> Ich lag mit beiden Händen über meinen Augen, was zu Dunkelheit und zahllosen friedlichen sternartigen Lichtmustern führte – und mich zum Rat der Seelen der Ahnen brachte. Dort fragte ich: Warum ist die väterliche Linie schwarz und wie abgeschnitten? Ich hatte früher schon danach gefragt und keine Antwort bekommen. Jetzt sehe ich die Männer, sie sind schwach, Säufer und Lügner. In meiner Familie sprach man nicht von ihnen. Ich war nie stolz auf meinen Vaternamen und den Ort meiner Geburt. Als ich achtzehn war, verließ ich voller Widerwillen das Haus. Dann fragte ich meinen Rat der Seelen der Ahnen, worüber die Männer so bedrückt waren – jenseits der Armut und der Kriege und der möglichen Verbrechen, an denen sie sicher beteiligt waren. Ich sehe eine weibliche Figur – es muss meine Urgroßmutter sein, über die ich überhaupt nichts

weiß. Ich empfange Gedanken und Bilder und erkenne – sie hat sich in der Kneipe prostituiert. Ich sehe sie in einem Nebenraum, wie sie ihren langen schwarzen Rock hebt. Sie musste es tun, um die Familie zu ernähren – die Männer haben es selbst nicht geschafft. Das war die Schande der Familie: Die Männer konnten es selbst nicht schaffen.

Und ich sehe einen weiteren Aspekt dieser Situation – dass sich die Clanmutter prostituierte, war im Ort bekannt, und die Männer in den Kneipen und in der Kohlenmine, der größten Arbeitgeberin der Region, spotteten darüber. Diese Urgroßmutter wollte wenigstens einen ihrer Söhne aus der Armut befreien und ihn nach Amerika schicken, in die Freiheit und das Paradies. Und sie schaffte es, für ihre Kinder zu sorgen – die Schande war der Preis, den sie und die Männer ihrer Familie dafür bezahlten. Zweifelnd über die Vision frage ich nach weiterer Bestätigung – und die Bilder werden noch klarer und genauer. Mir wird klar, dass der Schlüssel zu meiner Ablehnung der väterlichen Linie in der Figur dieser Urgroßmutter liegt. Dann spreche ich mit einem ihrer Enkel, meinem Onkel Hans, der die letzten Jahre seines Lebens im Bett lag und von Bier lebte. Warum konnten ihn seine zwei Brüder nicht aus diesem alkoholischen Sumpf ziehen? – Immer wieder diese Unfähigkeit der Männer. Ich spreche auch mit meinem Onkel Fritz und meinem Großvater – und vergebe ihnen und lasse es auf sich beruhen. Und dann macht sich eine tiefe Freude und Stärke breit, und ich kann aufstehen und sagen „Ich bin von dieser Familie, von diesem Ort." Ich fühle mich ganz und mit meinen beiden Beinen verwurzelt.

In der folgenden Schilderung einer visionären Divination beschreibt eine medial begabte Frau mit gemischter afro-amerikanischer, nativ-amerikanischer und weißer europäisch-amerikanischer Abstammung, die ausführliche genealogische Forschungen über ihre Abstammung betrieben hat, wie sie durch direkte geistige Begegnungen mit ihren rassisch verstrickten Vorfahren zu einigen überraschenden und herzöffnenden Einsichten kam. Ihre ersten symbolischen Visionen waren die Grüne Tara und die Göttin Sophia.

Sophia verschwand in einem Kreis von strahlendem weißen Licht, und mein mütterlicher Urgroßvater, BW, der vor meiner Geburt gestorben war, erschien aus dem sich ausbreitenden weißen Licht. Er trug braune Arbeitskleidung. Instinktiv wusste ich, wer er war. BW war auf einem Sklavenschiff nach Amerika gebracht worden. Sein Sohn, mein Großvater S., war die erste Generation, die sich von der Sklaverei befreite. Auch er war vor meiner Geburt gestorben, und meine Großmutter hatte mir immer erzählt, wie klug er war und wie sehr sie ihn liebte.

In dieser Vision erschien BW als ein mittelgroßer afrikanischer Mann von etwa vierzig Jahren, mit einer großen weißen Afro-Frisur, einem mächtigen weißen Schnurrbart und glatter schwarzer Haut. Der strenge Gesichtsausdruck und der starre Blick, mit dem er mich anschaute, drückten das Vorurteil aus, das ich mein Leben lang versteckt hatte. Beklemmung und Schuld zerrten an mir. Ich war verblüfft und wusste nicht, was ich sagen sollte. Er strecke seine rechte Hand nach rechts aus. Ich drehte mich um, um zu sehen, was er mir zeigte. Auf einem offenen Feld waren da sechs junge schwarze Männer, gehängt an einem Baum. Jeder Teil von mir wusste, dass ich mit diesen jungen Männern verwandt war. Mich überkam ein tiefes Gefühl von Reue. Ich schämte mich. All die Jahre meiner Verleugnung und Ablehnung der afrikanischen Seite meiner Familie und ihres Beitrags zu meinem Leben waren bei denen, die mir den Weg zu meinem Leben geebnet hatten, nicht unbemerkt geblieben. Sie sind die, auf deren Schultern ich stehe. Und Großvater B. war da, um mich zur Rede zu stellen. Er wusste, dass ich zuhörte, denn er ließ die rechte Hand sinken und streckte die linke aus. Die gehängten Männer verschwanden. Ich wandte meine Aufmerksamkeit seiner linken Seite zu, und eine Parade meiner Großmütter väterlicherseits begann.

Das erste Bild war das runde Gesicht einer sympathischen afrikanischen Frau in den frühen Vierzigern. Ihr dickes weiß und schwarz gesträhntes Haar war schulterlang, das schwarze Hauskleid paßte an ihren mittelgroßen Körper. Ihre Schritte waren leicht, als sie in voller Größe auf mich zukam. Sie trat dann zur Seite und verschwand aus meinem Blick, so wie jene, die nach ihr folgten. Die Ära, aus der die Großmütter auftauchten, spiegelte sich in ihren Kleidern und Frisuren. Als die sich die Parade, scheinbar nach Stunden, ihrem Ende näherte, zeigten sich die indianischen und die weißen Großmütter.

Nach ihrem Erscheinen und Verschwinden erschien eine Wolke mit einem indianischen Häuptling, der einen großen Kopfschmuck mit großen weißen Federn trug, eingebettet in ein rotes und braunes Kopfband mit kleinen Federn, und eine Decke aus weicher Tierhaut. Dieser mütterliche Vorfahre saß mit verschränkten Beinen auf dem Boden und zeichnete mit einem grünen Zweig einen Kreis in den Staub. Er sah wie ein Weißer aus. Die meiste Zeit schaute er auf den Boden. Als er aufsah, blickte er mich mit einem strengen Gesicht an, wie es BW getan hatte. Ich wusste, dass der Häuptling mein mütterlicher Vorfahre S. war, der sieben Generationen zuvor gelebt hatte. Ich hatte über seine Familie geschrieben und sein Lebenswerk gewürdigt. S. wurde 1781 geboren, der dritte Sohn eines englischen Siedlers und einer indianischen Frau. Er gründete eine Stadt für freie farbige Menschen, und als er starb, galt er als einer der reichsten Männer von Tennessee. Seine Familie war multikulturell. Man sagt, dass die Indianer glauben, jede Person sei für sieben Generationen verantwortlich. Ich bin die Urgroßtochter seines ältesten Enkels, ein Mitglied der siebten Generation. Großmutter Betty war die fünfte Generation. Ihr Vater war Deutscher und ihre Mutter eine Cherokee. Als Großmutter Betty einen Afrikaner heiratete, den jüngsten Sohn von BW, war es das erste Mal, dass sich ein Familienmitglied von der Mischung aus Europäern und gebürtigen Amerikanern entfernte.

S. hatte 25 Sklaven, und nach dem Ende der Sklaverei gab es einen Kampf, um die Familienmitglieder davon abzuhalten, befreite Sklaven zu heiraten. So begannen die Rassenauseinandersetzungen, und meine Großmutter setzte sie fort. Sie ermahnte uns immer, uns nicht mit dunkelhäutigen Männern zusammenzutun oder sie zu heiraten, und vergaß dabei, dass sie die erste war, die Afrikaner in unsere Abstammungslinie eingeführt hatte. Ich versuchte herauszufinden, worüber S. so zornig war, als ich ihn dort sitzen sah. Ich wusste nicht, ob er zornig war über die Art und Weise, wie ich die Familiengeschichte aufgezeichnet hatte. Ich fühlte mich überwältigt von all dem, als BW wieder auftauchte und überraschend neben S. Platz nahm. Ich sah, wie sie da zusammensaßen, sprachen und lächelten, und ich erkannte die Solidarität in dieser Mischung. Sobald ich das bemerkt hatte, lächelte BW mich an. Die Männer saßen im Kreis und sprachen, ich konnte nicht hören, was sie sagten, aber ich fühlte mich wohl dabei, ihnen zuzusehen. Ich bemerkte, dass keine Frauen da waren – und der Leiter schlug vor, dass ich die Männer bitten sollte, die Frauen einzuladen. Ich formulierte die Anfrage in Gedanken, wie ich es es über die Jahre in der Kommunikation mit Geistern gelernt habe.

Plötzlich kam eine Reihe schöner großer schwarzer Frauen tanzend herein, und ich wusste, dass sie Watussis waren. Sie waren von der Taille aufwärts an nackt und trugen wunderschöne Ketten mit Juwelen um den Hals und bis zum Gürtel, mit passenden Kopfbändern. Ihre Körper waren mit Röcken aus weißen Federn bedeckt, die lose die Taille umhüllten. An ihrem rechten Bein trugen sie ein Knöchelband in Regenbogenfarben. Der Rhythmus und die Geräusche, die sie bei ihrem Tanz machten, brachte mich zum Lächeln. Ein lächelnder S. erschien, gefolgt von der Göttin Sophia, die langsam in einen Christuskörper entschwand, der aus ihr auftauchte und inmitten eines Gartens mit Blumen und Lotusblüten saß. Die Sonne ging auf. Ich fühlte, dass die Stammeskämpfe vorüber waren und dass mir vergeben worden war.

Ich spürte, dass ich erledigt hatte, was ich mir vorgenommen hatte, zumindest auf kurze Sicht. Mir war klar, dass mit dieser Eröffnung die Aufgabe keineswegs vollendet war, genausowenig wie die Arbeit, die solche Eröffnungen erfordern. Verfaulte Wurzeln waren freigelegt worden; die Übung, sie anzuerkennen und zu bearbeiten, wenn sie in meinem täglichen Leben auftauchten, war die Arbeit. Für dieses Wissen bin ich den Großvätern und Großmüttern dankbar.

Das Erkennen des eigenen Lebenswegs und Ziels

Bei den Divinationsritualen zur Abstammung, nach der Verbindung mit der Familie, den Vorfahren und Helfern zur Klärung offener Fragen oder Probleme, empfehle ich den Teilnehmenden normalerweise, nach dem Weg, den Zielen und der Arbeit ihres Lebens zu fragen. Es ist wohl nicht überraschend, dass unsere Lebensaufgabe oft mit der Familiengeschichte verbunden ist, direkt oder indirekt. In meinem eigenen Fall teilte ich die Liebe zu Büchern mit meinem Vater, der ein Bibliophiler und Verleger war. Aber als er mir anbot, in das Buchverlagsgeschäft der Familie einzusteigen, lehnte ich ab und sagte, ich wolle lieber selbst Bücher schreiben, als mich an Produktion und Verlag zu beteiligen (auch wenn ich jetzt doch damit zu tun habe).

> (Frau) Als ich mich meiner Abstammung zuwandte, entdeckte ich in Bezug auf meine Großväter und meinen Vater, die Männer in meiner Familie, dass ich nicht so auf sie eingestimmt war. Mein Großvater mütterlicherseits war Luftfahrt-Ingenieur. Der Großvater meiner Mutter war Maler und malte all diese Bilder von Missionen und Indianern. Auf väterlicher Seite war der Vater meines Vaters Musiker und außerdem ein erfolgreicher Geschäftsmann. Deshalb verbrachte ich lange Zeit mit meinem Großvater, um ihn zu fragen, wie man Musiker wird. Und er gab mir einige sehr praktische Ratschläge, wie man übt, und dass man sich einen großen Raum für ein Klavier besorgen muss. Das war wunderbar.

> (Mann) Als ich in den Rat meiner Vorfahren kam, spürte ich deutlich ihr Wohlwollen gegenüber meiner gewählten Lebensaufgabe, besonders von meinem Vater und Großvater. Sie lächelten mich an und bestärkten mich in meiner Vision. Und sie kommunizierten gleichzeitig den Wunsch, dass ich mit ihnen verbunden bleibe, weil sie selbst in ihrem Leben ihre eigenen Visionen nicht ganz verwirklichen konnten. Ich verstand sofort, dass die Seelenvision meines Vaters meiner eigenen entsprach, und erkannte, dass ich mich bis dahin selbst von der Kraft seiner potenziellen Unterstützung abgeschnitten hatte. Ich sah, dass ich das getan hatte, weil ich geblendet war von seinem Versagen bei der Verwirklichung seiner Vision, was – wie ich sah – auch der Grund für seinen relativ frühen Tod (mit 57 Jahren) war. Großer Respekt für meinen Großvater und meinen Vater wuchsen in mir, und als ich mich innerlich vor ihnen verneigte, empfing ich die Anleitung, dass ich meine Vision, ein Vorbild für andere zu sein – in meiner Arbeit als Trainer und Coach – entschlossener ausdrücken solle. Unsere Welt braucht Vorbilder, sagten sie mir – besonders jetzt. Und sie fügten hinzu, dass ich meinen Schwung und die Energie letztlich von ihnen geerbt hätte – was stimmt. Als ich das Treffen mit der Versammlung der Seelen der Vorfahren verließ, spürte ich zum ersten Mal ihre Kraft in

> meinem Rücken – eine wunderbare Verstärkung. Dieses Gefühl dauerte an. Ich fühlte mich beglückt, die Seelen meiner Vorfahren getroffen zu haben und ihren Segen für die Vision meines Lebens zu spüren.

Die Verbindung mit den Seelen der Ahnen kann zu überraschenden Einsichten in die eigenen Interessen führen, auch wenn diese scheinbar weit von der Familie entfernt liegen – wie in dem folgenden Bericht einer Künstlerin mit einem starkem Interesse an Schamanismus.

> Ich erkannte, dass meine Eltern sehr ausdrucksvoll mit ihren Händen waren im Bereich der Kunst. Sie stellten andauernd Sachen her. Mein Vater war Holzarbeiter, ein unglaublicher Künstler. Auch meine Mutter machte dauernd irgendwelche Sachen. Sie schuf Dinge und gab sie weiter. Sie war Kräutersammlerin. Und ihre Familie waren eine Art Hinterhof-Poeten. Ich sah die ganze Reihe von Barden, Dichtern und Sängern ganz dort hinten. Ich wusste das schon, aber ich hatte keinen Bezug dazu, dass diese ganze schamanische Energie in dieser Linie steckte und irgendwann in den letzten 300 Jahren völlig begraben wurde.

Manchmal kann man bei diesen geleiteten Rückführungen neben der Versammlung der verstorbenen Eltern und Ahnen auch die Anwesenheit eines Rat der Ältesten wahrnehmen, die hinter oder über den Vorfahren stehen (obwohl sie manchmal auch miteinander vermischt sind). Diese werden als Wesen erkannt, die uns leiten und lehren und mit denen wir oft länger als eine Lebenszeit in Beziehung stehen. Im vierten Kapitel möchte ich von Erfahrungen mit diesem höheren Rat berichten, der als spiritueller Führer der unsterblichen Seele beim Erarbeiten karmischer Lektionen und evolutionärer Herausforderungen fungiert.

3
Der Tod und das Nachtodleben

Ein Cartoon, der im Newsletter der *Association for Pre- and Perinatal Psychology* veröffentlicht wurde, zeigt ein Zwillingspaar nebeneinander im Mutterleib vor ihrer Geburt. Einer von ihnen fragt: „Gibt es ein Leben nach der Geburt?“ und der andere antwortet: „Wir wissen es nicht. Niemand ist zurückgekommen, um es uns zu erzählen.“

Der Witz verweist auf die paradoxe Analogie zwischen Geburt und Tod – eine Analogie, die durch die Forschungen der prä- und perinatalen Psychologie, die in den vorigen Kapiteln beschrieben wurde, noch deutlicher geworden ist. Diese Arbeit hat ergeben, dass die Geburt nicht nur ein Prozess der Säugetierphysiologie ist, sondern die subjektive Erfahrung einer Seele, die in einer völlig neuen und unbekannten Phase ihrer Existenz auf der Erde auftaucht.

Geburt und Tod waren schon immer die anerkannten und herkömmlichen Übergänge, die das menschliche Leben begrenzen. Die persönliche Geschichte unserer Existenz in der menschlichen Gesellschaft wird als Zeitspanne zwischen Geburts- und Todesdatum erzählt und im Gedächtnis behalten. Was nach dem Tod kommt – „das unentdeckte Land, von des Bezirk / Kein Wandrer wiederkehrt“ –, ist ein großes Mysterium geblieben, das von Gefühlen der Angst, der Trauer und des Verlusts überschattet ist. In diesem Kapitel werden wir die Erkenntnisse der Forscher aus dem Bereich der Thanatologie und der Nahtoderfahrungen (NTE) diskutieren, ebenso wie einige philosophische und spirituelle Lehren, die ein neues Licht auf den Tod und das Sterben werfen. Auch hier können wir sehen, dass der physiologische Prozess des Sterbens von einer subjektiven Erfahrung der Seele begleitet ist, die durch eine große Transformation geht, aus einer bekannten in eine beängstigend unbekannte Welt.

Geborenwerden und Sterben sind nicht nur phänomenologisch ähnliche Übergänge, sie sind auch physiologisch und erfahrungsmäßig miteinander verschränkt. Wie Stanislav Grof geschrieben hat, ist die Geburt „(…) ein potenziell lebensbedrohliches Ereignis. Das Gebären beendet auf brutale Weise die intrauterine Existenz des Fötus. Er oder sie ‚stirbt' als ein im Wasser lebendes Wesen und wird als Luft atmendes Wesen geboren, in einer physiologisch und auch anatomisch andere Lebensform." (Grof: *The Psychology of the Future*, S. 32)

Die buddhistischen, hinduistischen und andere esoterische Lehren von Reinkarnation und Wiedergeburt sprechen von einer dreistufigen Folge – der Tod, die mittlere Phase oder der Nachtod und die Wiedergeburt. Ausführliche Kartographien, sogenannte *Totenbücher,* existieren in vielen Kulturen und beschreiben die Landschaften nach dem Tod. Hier können wir die Konvergenz der Erfahrungen der Geburt und des Sterbens erkennen: Die Passage durch den Geburtskanal ist *gleichzeitig der Tod des fötalen Selbst und die Geburt eines neugeborenen menschlichen Selbst.* Wenn also der Prozess der Geburt unausweichlich von einer Art Sterben begleitet ist (oder ihm vorausgeht), ist es dann ebenfalls wahr, dass der Prozess des Sterbens von einer Art Geburt in eine neue und wesentlich erweiterte Welt begleitet wird (oder ihm folgt)?

Genau diese Idee findet man in den Schriften des bemerkenswerten deutschen Wissenschaftlers, Forschers und Philosophen Gustav Theodor Fechner (1801–1887). Fechner wird in der Geschichte der Psychologie als einer der Begründer der experimentellen Psychologie betrachtet. Er war ausgebildeter Physiker, lehrte und schrieb über Wissenschaften, hatte jedoch auch eine mystische Veranlagung und ein phänomenal breites Spektrum von Interessen. Fechner erblindete fast bei experimentellen Beobachtungen der Sonne und musste fast ein Jahr in völliger Dunkelheit verbringen. Als er wieder aus dieser zufallsbedingten Tod-/Wiedergeburts-Initiation herauskam, war er hellsichtig geworden und schrieb Bücher wie *Das Seelenleben der Pflanzen* und *Eine vergleichende Anatomie der Engel.*

1835 schrieb er als Antwort auf einen Todesfall in der Familie eines Freundes ein kleines Buch, *Das Büchlein vom Leben nach dem Tode.* William James, der Fechner sehr bewunderte, schrieb eine Einführung für die englische Ausgabe, die 1904 erschien. Dieses Buch ist beachtenswert, sowohl wegen seiner visionären und nahezu orakelhaften Tonlage als auch seines Inhalts wegen: Es ist frei von jeder religiösen Terminologie, bezieht zur Realität des Nachtods und des Bewusstseins nach dem Tod jedoch eine anspruchsvolle, psychologisch-philosophische Position. Das erste der neun kurzen Kapitel behandelt die phänomenologischen Parallelen von Geburt und Tod. Im Folgenden die Eröffnungspassage:

> Der Mensch lebt auf der Erde nicht einmal, sondern dreimal. Seine erste Lebensstufe ist ein steter Schlaf, die zweite eine Abwechselung zwischen Schlaf und Wachen, die dritte ein ewiges Wachen. Auf der ersten Stufe lebt der Mensch einsam im Dunkel, auf der zweiten lebt er gesellig, aber gesondert neben und zwischen andern in einem Lichte, das ihm die Oberfläche abspiegelt, auf der dritten verflicht sich sein Leben mit dem von andern Geistern zu einem höheren Leben in dem höchsten Geiste, und schaut er in das Wesen der endlichen Dinge.
>
> Auf der ersten Stufe entwickelt sich der Körper aus dem Keime und erschafft sich seine Werkzeuge für die zweite; auf der zweiten entwickelt sich der Geist aus dem Keime und erschafft sich seine Werkzeuge für die dritte; auf der dritten entwickelt sich der göttliche Keim, der in jedes Menschen Geiste liegt und schon hier in ein für uns dunkles, für den Geist der dritten Stufe tageshelles Jenseits durch Ahnung, Glaube, Gefühl und Instinkt des Genius über den Menschen hinausweist.
>
> Der Übergang von der ersten zur zweiten Lebensstufe heißt Geburt; der Übergang von der zweiten zur dritten heißt Tod. Der Weg, auf dem wir von der zweiten zur dritten Stufe übergehen, ist nicht finstrer als der, auf dem wir von der ersten zur zweiten gelangen. Der eine führt zum äußern, der andere zum innern Schauen der Welt.
>
> Wie aber das Kind auf der ersten Stufe noch blind und taub ist für allen Glanz und alle Musik des Lebens auf der zweiten und seine Geburt aus dem warmen Mutterleibe ihm hart ankommt und es schmerzt, und wie es einen Augenblick in der Geburt gibt, wo es die Zerstörung seines früheren Daseins als Tod fühlt, bevor noch das Erwachen zum äußern neuen Sein stattfindet, so wissen wir in unserm jetzigen Dasein, wo unser ganzes

Bewusstsein noch im engen Körper gebunden liegt, noch nichts vom Glanze und der Musik und der Herrlichkeit und Freiheit des Lebens auf der dritten Stufe und halten leicht den engen dunkeln Gang, der uns dahin führt, für einen blinden Sack, aus dem kein Ausgang sei. Aber der Tod ist nur eine zweite Geburt zu einem freiern Sein, wobei der Geist seine enge Hülle sprengt und liegen und verfaulen lässt, wie das Kind die seine bei der ersten Geburt.

Gustav Theodor Fechner, *Das Büchlein vom Leben nach dem Tode*

Die Erfahrung des Sterbens

Die modernen Schilderungen von Nahtoderfahrungen (NTE; engl.: *Near Death Experience - NDE*), in denen jemand bei einem Unfall oder einer Operation stirbt und dann zurückkehrt, haben viele der Merkmale identifiziert, die auch in mystischen und traditionellen Beschreibungen dieses letzten Übergangs zu finden sind. Sie berichten von dem Gefühl einer plötzlichen Unterbrechung, einem Abheben in einen Zustand ausserkörperlicher Erfahrung (AKE; engl.: *Out Of Body Experience - OBE)* und dem Eintritt in einen nach oben führenden Tunnel von zunehmender Helligkeit. Diesem kann dann ein Zusammentreffen mit verstorbenen Eltern oder Angehörigen folgen, das von einem Gefühl des Willkommenseins und Nachhausekommens begleitet ist. Einige der Schilderungen von NTE berichten von dem Treffen mit geistigen Begleitern oder Engelswesen und davon, dass sie göttliche Weisheit und Ratschläge für ihre Rückkehr ins physische Leben erhielten.

Natürlich können wir in keiner Weise wissen, in welchem Maße die sehr positiven Merkmale, die in den NTE-Berichten geschildert werden, auch auf den gewöhnlichen Tod zutreffen, dem keine Rückkehr in eine irdische Existenz folgt. Wie bei der subjektiven Erfahrung des Geborenwerdens können wir uns unzählige Variationen vorstellen, die von der spirituellen Entwicklung und der Vorbereitung der individuellen Seele abhängig sind. Manche plötzlich und unerwartet Sterbende, in deren Weltsicht keinerlei Ahnung eines Nachtods vorhanden ist, können sich tatsächlich so fühlen, als ob sie über ihrem leeren physischen Vehikel schwebten, rastlose Geister in einem verwirrenden Zwischenzustand, „weder hier noch dort“.

Traditionelle und zeitgenössische Schilderungen stimmen in der Beschreibung der Situation überein, wenn das Sterben schrittweise erfolgt, aufgrund einer Krankheit oder hohen Alters. Im Moment des Endes, mit den letzten Atemzügen, ereignet sich, was „die Trennung der Elemente“ genannt wird. Da sie nicht länger von der zirkulierenden spirituellen Lebenskraft zusammengehalten werden, sinken die Elemente der Erde und des Wasser naturgemäß nach unten, wenn der liegende Körper von den Füßen an klamm und kalt wird. Das *Tibetische Totenbuch* nennt diesen Prozess „das Sinken der Erde ins Wasser“, und taoistische Texte sprechen vom Fluß der *Ching*-Energie, die vom Becken abwärts und hinab fließt, wenn sie nicht länger von der zirkulierenden Lebenskraft hoch gehalten wird.

Die Elemente der Luft und des Feuers steigen natürlicherweise nach oben, und wenn die elektrische Chi-Energie, die vom Solarplexus ausstrahlt, schwächer wird, können Empfindungen von feuchter Kälte und/oder fiebriger Hitze vorkommen. Den Taoisten zufolge entweicht die flüchtige *Shen*-Energie aus dem Hals und dem Kopf naturgemäß nach oben; sie wird während des Lebens nach unten gezogen und mit dem Atem im Körper umgewälzt. Nach dem letzten Atemzug entweicht das *Shen* – wir sprechen dann davon, dass die Person „ihr Leben ausgehaucht“ oder „ihren Geist aufgegeben“ hat.

Im Prozess des Sterbens findet eine Art physiologisches Auflösen statt, eine Verlangsamung und ein fortschreitendes Abschalten von Lebensfunktionen, das auch von zellularem Absterben begleitet sein kann. An einem bestimmten Punkt werden möglicherweise Endorphine freigesetzt, die körpereigenen schmerzstillenden Substanzen, die für den oft ruhigen und friedvollen Zustand vor der letzten Schwelle verantwortlich sein könnten. Die subjektive Ähnlichkeit des Sterbens mit dem Einschlafen, unserer nächtlichen instinktiven Loslösung von der physischen Ebene, spiegelt sich in dem griechischen Mythos von *Thanatos* und *Hypnos* als göttliche Zwillingsbrüder – beide gekleidet und geflügelt als Begleiter auf der außerkörperlichen Reise zur anderen Seite. Die womöglich schönste Art des friedlichen Sterbens ist es, diesen letzten Übergang zu unternehmen, während der Körper schläft.

Das Gefühl, eine Schwelle zu überschreiten und zu einer langen Reise in eine unbekannte Zukunft aufzubrechen, begleitet gewöhnlich diesen Prozess, oft in einer Mischung aus Aufgeregtsein und Angst. In dieser Reise des Sterbens liegt ein Paradox: Wir wissen ganz sicher, dass wir zu einer Reise ohne Wiederkehr aufbrechen, aber wir wissen nicht, wohin wir gehen und was uns erwartet. Diese paradoxe Unbestimmtheit drückt sich in Begriffen wie „dahinscheiden", „die sterbliche Hülle verlassen" (engl.: *leaving form*) oder „hinübergehen" aus. Dieses scharfe und beängstigende Paradox erklärt vielleicht die anhaltende Faszination von Berichten über Nahtoderlebnisse – Schilderungen von Reisenden, die zurückgekehrt *sind* –, die regelmäßig auf den Bestsellerlisten landen.

Meine persönlich bevorzugte Metapher für das, was nach dem Tod kommt, ist das englische *hereafter*, das man mit *Nachtod* übersetzen kann. Ich sagte einmal zu Ram Dass, dass man sein berühmtes Epigramm *Be Here Now* gewissermaßen erweitern könnte mit dem Zusatz: *And Hereafter*. Es würde die Praxis des Seins im Hier und Jetzt auf unseren Zustand nach dem Tod erweitern. Er schmunzelte zustimmend und meinte dann, dass *Be Here Now* ausreichend sei, weil es beide Ebenen umfasse. Bewusst im Hier und Jetzt zu sein, wenn wir uns auf den Ebenen nach dem Tod befinden, ist der Kern der *Bardo*-Lehren des tibetischen Buddhismus.

Timothy Leary bekundete in einem filmisch dokumentierten Gespräch mit Ram Dass kurz vor seinem Tod ein Gefühl für das Abenteuer und ein ruhiges Akzeptieren der kommenden Reise. Er hatte zu dieser Haltung gefunden, nachdem er sein früheres Projekt aufgegeben hatte, sein Gehirn für eine mögliche technologische Wiederbelebung in der Zukunft einfrieren zu lassen. Vor der Moderne mit ihren tollkühnen lebensverlängernden medizinischen Eingriffen war diese akzeptierende Haltung in früheren Generationen vermutlich mehr verbreitetet. Eine Frau bei einem meiner Workshops in Schweden berichtete, dass ihr Großvater genau zu wissen schien, wann seine Zeit gekommen war. Eines Abends versammelte er seine Familie, sagte allen ein letztes Mal Gute Nacht und Auf Wiedersehen und legte sich zum Schlafen auf sein Bett. Er behielt seine Kleider und Schuhe an. Er sagte, er wolle für die bevorstehende lange Reise ordentlich angezogen sein.

Divination zu deinem Sterbetag

Um dich vorzubereiten, wähle eine ruhige Zeit und einen ruhigen Ort in deinem Leben und gehe in einen Meditationszustand. Zentriere deine Aufmerksamkeit und Identität auf die „Höhle des Herzens“, die den ganzen Brustraum von den Schultern bis zum Oberbauch umfaßt. Erbitte den Segen und die Unterstützung deiner Lehrer und/oder spirituellen Führer. Entzünde die reinigende Licht-Feuer-Energiesonne im Herzzentrum und konzentriere dich auf die Präsenz von Empathie und Gelassenheit. Schaue auf dich, wie du die Wege deines Lebens gehst. Erinnere dich an Ereignisse deiner jungen und mittleren Jahre und gelange an einem Punkt in deinen älteren Jahren, an den Ort, wo du realisierst, ohne Widerspruch oder Zurückweisung, sondern mit Gelassenheit und Zustimmung, dass dieses Leben, dein Leben, enden wird.

Manche Leute möchten dann fragen, in welchem Alter sie sterben und was die physische Ursache ihres Ablebens ist. Ich empfehle dir, dich auf den Zustand deines Geistes und Körpers im letzten Jahr deines Lebens einzustimmen. Wie fühlt sich das dann an? Wo lebst du? Mit wem lebst du zusammen - mit deinen Partnern, deinen Kindern, deinen Enkeln? Wie stehst du zu deiner Familie? Dann richte das Teleskop der Zeit auf deinen geistigen und körperlichen Zustand im letzten Monat deines Lebens, wenn du deine irdischen Verpflichtungen und Tätigkeiten fast vollständig losgelassen hast. Wie fühlt sich das für dich an - wie hättest du es jetzt gern, wen hättest du jetzt gern um dich? Willst du einen spirituellen Ratgeber oder Begleiter dabei haben? Willst du dich von deinen Verwandten und Freunden verabschieden. Und dein letzter Tag - wie wird es für dich sein, wenn du dich für das große Abenteuer einschiffst?

Das Bild vom Sterben als einer abenteuerlichen Reise kann von den Verstorbenen durch traumartige Kommunikation auf die Lebenden übertragen werden. Als mein Vater Wolfgang gestorben war, träumte ich, dass ich ihn beim Bergsteigen in den Alpen traf. Er hatte mich und meine Brüder oft auf solche Ausflüge mitgenommen, als wir klein waren, und ich habe glückliche Erinnerungen an diese Abenteuer. Im Traum war ich mit einer Gruppe von Freunden in der Schweiz (was der Realität in meinem Wachleben zu dieser Zeit entsprach) und wir trafen Wolfgang in einem kleinen Alpendorf mit Kopfsteinpflastergassen. Er war gesund und munter und trug einen schweren Rucksack, wie er es bei unseren Klettertouren getan hatte. Meine Freunde und ich freuten uns über das Treffen, und wir sprachen eine Weile miteinander. Dann verabschiedete er sich und ging langsam weiter, nach oben, durch die gepflasterten Gassen des Dorfs und weiter in die Berge. Ich schaute ihm bei seinem Aufstieg noch eine Weile zu und ging dann mit meinen Freunden hinunter ins Tal.

Eine andere sogar gegensätzliche Metapher der Erfahrung des Sterbens findet sich auch in vielen medial übermittelten und mythischen Berichten: das Ausziehen von Kleidern und Masken, das Abwerfen oder Hinterlassen unserer bisherigen Form und der Eintritt in eine völlig neue Existenz. Ein zeitgenössisches Medium, das ein spirituelles Wesen namens Bartholomeus channelt, hat empfohlen, sich den Prozess eher so wie das Ausziehen eines alten Paars Schuhe vorzustellen, die nicht mehr passen und unbequem geworden sind.

Die Metapher vom Ablegen der äußeren Hüllen oder Schichten findet sich auch im Nachruf, den Benjamin Franklin, ursprünglich gelernter Drucker, für sich selbst schrieb: *Hier liegt der Leib des B. Franklin, Buchdrucker / Gleich dem Deckel eines alten Buches, / Aus dem der Inhalt herausgenommen, / Und der seiner Inschrift und Vergoldung beraubt ist, / Eine Speise für die Würmer.* Franklin schrieb weiter, auf seinen Glauben an die Wiedergeburt verweisend: *Doch wird das Werk nicht verloren gehen / Sondern, wie er glaubt, dereinst wieder erscheinen, / In einer neuen & sehr schönen Ausgabe, / Durchgesehen und verbessert / Vom Autor.*

Die Tradition des dreitägigen Übergangs

In vielen traditionellen und indigenen Kulturen hat sich der Glaube gehalten, dass bei einem normalen Tod der Übergang der Seele in den befreiten Zustand der Nach-Todes-Welt mit einer dreitägigen Periode von Konflikten und Verwirrung verbunden ist. Auf dieser Grundlage beruht zum Beispiel bei den Iren der Brauch der dreitägigen Totenwache, bei der die Angehörigen wach und aufmerksam bleiben sollen, um zu singen und zu klagen, aber auch um Geschichten über die Verstorbenen zu erzählen und ihr Leben zu feiern. Die Angehörigen unterstützen mit ihrem wachen und aufmerksamen Zustand die aufbrechenden Reisenden, mit denen sie verwandt oder befreundet sind, bei der Überwindung der turbulenten und beängstigenden Passage in die jenseitige Welt.

Mein Lehrer Russell Schofield erklärte, dass der Grund für die traditionelle dreitägige Wache mit der ätherischen Matrix (auch ätherisches Doppel oder Doppelgänger genannt) zu tun hat. Das ist der feinstoffliche Körper, der ein genaues Duplikat der physikalischen Raum-Zeit-Dimension ist, aber mit etwas höheren Schwingungsfrequenzen und von daher normalerweise unsichtbar. Das heißt, dieser Körper kann solide Mauern durchdringen und auch fliegen. Er begleitet uns durch das Leben, bewahrt die Integrität des physischen Körpers bei Krankheit und Gesundheit und verlässt das allnächtlich im Schlaf geparkte physische Vehikel. Auch wenn wir unsere Seelenreisen in andere Welten und Dimensionen in der reichen symbolischen Bilderwelt unserer Träume erleben, finden die Reisen des ätherischen Doppels in der normalen Raum-Zeit-Dimension unserer Welt meistens unbewusst statt – außer in luziden Träumen vom Fliegen oder bei außerkörperlichen Reisen von fortgeschrittenen Yogis, Hellsichtigen oder Hellsehern.

Wie mein Lehrer erklärte, kann das ätherische Doppel sich zwar für nächtliche außerkörperliche Reisen während des Schlafens und des Träumens leicht ablösen, doch die vollständige Ablösung, die erforderlich ist, wenn das physische Vehikel stirbt, dauert länger. Besonders die Loslösung vom Gehirn, wegen der vielschichtigen Komplexität der neuronalen Schaltkreise und der eingeprägten Gedanken- und Gefühlsmuster, dauert gewöhnlich etwa drei Tage – und wird subjektiv als verwirrend und beängstigend empfunden. Wir können sehen, wie die achtsame und feierliche Wachheit der liebenden Freunde eine wertvolle Quelle des Lichts und des Trostes während dieses schwierigen Manövers sein kann. Man kann sich vorstellen, dass die Schwierigkeiten bei einem plötzlichen, unerwarteten Tod noch viel größer sind. Doch dann, so versichern es traditionelle spirituelle Lehren, sind immer dienstbare Geister von der anderen Seite und helfende Engel anwesend, die die Schmerzen eines schwierigen und unerwarteten Übergangs lindern.

Selbst ein sehr weit fortgeschrittener Adept wie der Meister Jesus von Nazareth war verpflichtet (oder wohl eher: entschied sich dafür), sich dieser dreitägigen Periode der vollständigen Loslösung von den nieder-frequenten Erdelementen des physischen Körpers zu unterziehen. Dies ist wahrscheinlich die Bedeutung der lateinischen Zeile *descendit ad infernos* im Apostolischen Glaubensbekenntnis (wörtlich: „er stieg hinab in die Tiefen“) – und nach drei Tagen und Nächten kehrte er zur Erde zurück, traf einige seiner Jünger und stieg dann in die höheren himmlischen Gefilde auf. Trotzdem hat diese biblische Geschichte einigen christlichen Glaubensgemeinschaften theologisches Unbehagen bereitet, die nicht begreifen können, wie und warum Jesus in die „Hölle“ hinabsteigen sollte, wie es manchmal früher falsch übersetzt wurde. Doch es ist sinnvoll, die Reise Jesu als beabsichtigte und bewusste Modellierung der normalen menschlichen Erfahrung des körperlichen Tods und der Reinigung zu sehen.

Die *Unterwelt* der klassischen Mythologie, wie die *niedere Welt* in den globalen schamanischen Traditionen, ist keineswegs die Hölle, wie sie von frühen christlichen Autoren beschrieben wurde – der Ort unendlicher Leiden und Bestrafungen. Die Unterwelt / niedere Welt ist der Ort, an den die Seelen zuerst gehen, gleich nach dem Tod des physischen Körpers, wenn das subjektive Empfinden oft von Verzweiflung, Trauer, Ablehnung und Negativität beherrscht ist. Die Seele löst sich ab von den dichtesten, schwersten Teilen des sterblichen Vehikels, beladen mit den Resten der illusionären und verzerrten Selbstbilder aus dem menschlichen Leben, das gerade endet. Der Meister Jesus, ein sehr fortgeschrittener Adept, musste wahrscheinlich nicht durch die unteren Regionen, als sein Körper starb. Aber er nutzte offenbar die Möglichkeit, diese Welt zu besuchen, um den dort schwebenden, verwirrten und leidenden Seelen zu helfen und sie zu trösten.

Nah-Tod, Ego-Tod, Transzendenz

In meinem Buch *Raum des Geistes – Strom der Zeit* habe ich gezeigt, wie man die Nahtoderfahrung als einen veränderten Bewusstseinszustand begreifen kann, dessen Katalysator oder Auslöser die Wahrnehmung ist, dass die Vitalfunktionen des physischen Körpers, besonders das Herz, ausgesetzt haben. Die Zeitdauer (Uhrzeit) einer typischen Nahtoderfahrung kann von wenigen

Minuten bis zu einer halben Stunde oder mehr betragen. Subjektiv aber wird die Raum-Zeit-Dimension vollständig überschritten, denn die erinnerten und berichteten Erfahrungen scheinen auf einer zeitlosen und dimensionslosen Ebene stattzufinden. Das Gefühl, sich in einem anderen Zeitstrom zu befinden, ist eines der stärksten Anzeichen für einen zutiefst veränderten Bewusstseinszustand.

Obwohl die Ausdehnung und die Transzendenz von Zeit und Raum für hochintensive psychedelische Erfahrungen auch charakteristisch ist, sind sogenannte „Ego-Tod"-Erfahrungen in drogeninduzierten oder holotropischen Zuständen ansonsten ziemlich verschieden. In solchen Zuständen mag sich eine Person subjektiv *so fühlen,* als würde sie sterben, tatsächlich mag sie sogar für eine lange Zeitspanne gegen das Sterben ankämpfen, obwohl es eigentlich keine objektiven Anzeichen eines physiologischen Todes oder auch nur einer Todesnähe gibt. Mein guter Freund und Mentor, der verstorbene Leo Zeff, erzählte mir von einer Erfahrung mit Ayahuasca, bei der er sich so fühlte, als würde er von einer Riesenschlange aufgefressen, sechs Stunden lang kämpfte, sich wälzte und krümmte, bis er es schließlich aufgab, sich zu wehren, sich auffressen ließ – und augenblicklich in einen ekstatischen, befreiten Zustand entlassen wurde.

Während der letzten vierzig Jahre habe ich vier Sammlungen von Berichten über psychedelische Erfahrungen – mit LSD, MDMA, Ayahuasca und Psilocybin – zusammengestellt und publiziert, die einen großen Bereich ekstatischer Erfahrungen behandeln, sowohl ekstatisch-himmlische als auch qualvoll-höllische Erlebnisse. Doch psychedelische Erfahrungen haben selten, wenn überhaupt, mit Eigenschaften klassischer Nahtoderfahrungen zu tun wie das Herunterschauen auf den eigenen toten Körper von oben oder das Treffen mit verstorbenen Angehörigen oder engelartigen Begleitern. Ich vermute, dass der entscheidende Auslöser von Nahtoderfahrungen, der bei psychedelischen „Ego-Tod"-Erfahrungen nicht vorkommt, die Wahrnehmung ist, dass das Herz aufgehört hat zu schlagen.

Neben der völligen Überschreitung von Raum und Zeit bringen positive psychedelische Erfahrungen typischerweise Gefühle einer ekstatischen Befreiung oder glücklichen Auflösung von trügerischen Grenzen zwischen Selbst und anderen oder Selbst und Welt mit sich. Bei solchen Erfahrungen können flüchtige

Gedanken oder Wahrnehmungen des körperlichen Tods auftauchen – oder auch nicht. Tatsächlich können alle üblichen Vorstellungen der körperlichen Existenz überschritten werden und als völlig unwichtig erscheinen.

Als Beispiel hier ein Auszug aus der Beschreibung meiner Erfahrung beim Rauchen des vaporisierten Gifts der Coloradokröte *(Bufo alvarius)*, das 5-Methoxy-DMT enthält (eine Substanz, die auch in der menschlichen Zirbeldrüse und in verschiedenen schamanischen Pflanzen natürlich vorkommt).

> Eine niederschmetternde Vernichtung, ein Gefühl wie mitten in einer nuklearen Explosion, auseinandergerissen in tausend kleine Scherben. Ich fühlte mich, als würde ich von innen nach außen gekehrt, als ob meine Innereien aus meinem Mund kämen. Mein Körper rollte auf dem Boden herum, aufgewickelt wie ein Ball, wie die Schlange Ouroboros. Ich öffnete kurz die Augen und sah, dass meine Freunde mich davor schützten, mit irgendwelchen Dingen zusammenzustoßen oder in die Feuerstelle zu rollen. Instant-Realitäts-Check. Mit geschlossenen Augen tauchte ich wieder in den wirbelnden, brodelnden und synästhetischen Malstrom ein, in dem alle Unterscheidungen zwischen Innen und Außen, Selbst und Anderen, und sogar die Richtungen von oben und unten aufgehoben waren. Aus meinem Mund schienen Tierlaute zu kommen. Es gab keine Gefühle der Angst, tatsächlich überhaupt keine Gefühle, außer einer Art unpersönlicher Ekstase. Kein Gefühl für den Körper, kein Gefühl des Selbst, kein „Ich".
>
> Bilder von Enthauptung, Zerstückelung und Ausweidung blitzten auf, in schneller Folge; auch ein Bild, wie meine Brust von einem Schwert durchbohrt wurde – aber mit diesen Bildern war keinerlei Angst oder Horror verbunden. Die folgenden Gedanken kamen auf: „Der Tod erwischt jeden, jetzt bist du dran, das ist es, das Ende. Widerstand ist unmöglich und sinnlos. Außerdem ist es sowieso zu spät, weil die Vernichtung schon stattgefunden hat."
>
> Als ich mich nach innen gehen ließ, spürte ich Gefühle großen Friedens und ein sanftes Atmen im Herzen. Ich ging vorsichtig an Knoten der

Verspannung und des Schmerzes heran. Aus einem harten Klumpen von Schmerz in der Leiste flackerte ein klarer Strahl von Lichtenergie auf und ging durch den gesamten Körper. Der sanft aufsteigende Lichtstrahl funkelte von Juwelen und Edelsteinen, als ob der Schmerz eine verschlossene Schatzkiste gewesen sei. Vielfarbige Lichtstrahlen bildeten eine Art Kuppel aus einem vielschichtigen Netz von Juwelen, und die gesamte Kuppel drehte sich ruhig im Uhrzeigersinn. Dieser Juwelendom schien zu einer Art Linse zu werden, durch die in ich andere Welten sehen konnte, wo die Lichtpunkte Sterne und Galaxien waren.

Als ich nach und nach wieder in meinen Körper zurückkam, nach etwa zehn Minuten realer Zeit, fühlte ich mich in purer Freude gebadet und völlig im Frieden mit mir selbst, der Welt und meinem Tod.

Metzner, R.: *Hommage to the Visionary Toad*, 2003

Andererseits können negative, höllische psychedelische Erfahrungen oder „Horrortrips“ tatsächlich mit der Angst einhergehen, zu sterben oder gestorben zu sein, möglicherweise begleitet von der Wahnidee, dass man eine tödliche Überdosis genommen oder seinem Gehirn einen irreparablen Schaden zugefügt hat und dauerhaft wahnsinnig geworden ist. Solche Ängste können auch dann bestehen, wenn es für andere offensichtlich ist, dass alle physiologischen Funktionen des Individuums völlig normal sind. In solchen beängstigenden Situationen während eines Horrortrips wie auch im Umgang mit der Angst, die eine verstärkte Überschreitung der normalen Realitätswahrnehmung normalerweise mit sich bringt, ist klar, dass die weisen Lehren, die in den verschiedenen spirituellen Traditionen in der Vorbereitung auf den Tod beschrieben werden, sehr wertvoll sein können.

Wenn das Individuum sich von einer solchen quälenden „Ego-Tod“-Erfahrung erholt und zurückkehrt, kann es tatsächlich zu einem Gefühl des Wiedergeborenseins kommen – in eine neue und größere Lebenswelt. Die Literatur der psychedelischen Erfahrungen ist voll von solchen Tod-/Wiedergeburts-Offenbarungen. So wie die eigentliche Geburt eine Erweiterung des Bewusstseins nach dem Tod des fötalen Egos ist, so folgt eine spirituelle Wiedergeburt und Erneuerung dem Tod oder dem Überschreiten des alten Ego-Selbst.

Neue und überlieferte Arten, sich auf den Tod vorzubereiten

In unserem 1964 erschienen Buch *Die psychedelische Erfahrung* hatten Leary, Alpert und ich – einem Vorschlag von Aldous Huxley folgend – das Tibetische Totenbuch als Paradigma einer spirituell orientierten psychedelischen Erfahrung genommen. Mit der entsprechenden Vorbereitung und Ausrichtung, so schlugen wir vor, könnten psychedelische Reisende angeleitet werden oder sich selbst anleiten, ihre Ego-Anhaftungen und illusorischen Selbstbilder zu lösen, auf dieselbe Weise, wie in Tibet ein buddhistischer Lama einen sterbenden Menschen anleiten würde, seine Anhaftungen aufzugeben, wenn er die physischen Zeichen des körperlichen Todes wahrnimmt. In den Jahren seit dieser Veröffentlichung haben ich (und meine Mitautoren) zahlreiche Briefe als Zeichen der Dankbarkeit und Wertschätzung von Lesern erhalten, die das Buch verwendet haben, um sich auf spirituell transzendente psychedelische Erfahrungen vorzubereiten.

Im Zuge der Erfahrung und der Konfrontation mit den Ängsten bei der Transzendenz des physischen Körpers konnten sie eine deutliche Verringerung ihrer Angst vor dem Tod feststellen und fanden so zu einer friedlichen Akzeptanz ihrer eigenen Sterblichkeit. Tatsächlich ist die Erfahrung eines Überschreitens der Identifikation mit dem Körper, mit dem sicheren Wissen, dass unsere Essenz, unser spiritueller Wesenskern, unsere Seele, auch jenseits der Grenzen des körperlichen Tods bestehen bleibt, zweifellos das wertvollste Geschenk, das psychedelische Erfahrungen bescheren.

Dies war das Geschenk, das in den Mysterienreligionen der frühen Zivilisationen gehütet wurde, bei denen die Eingeweihten eine Erfahrung von Tod und Wiedergeburt durchliefen, durch die sie eine Vorstellung von der Realität der jenseitigen spirituellen Welt erhielten. Wir kennen nicht alle Details, die zu diesen Religionen gehörten. Im Fall der Eleusinischen Mysterien allerdings, der Quelle der abendländischen Spiritualität über 2000 Jahre, haben die wissenschaftlichen und pharmakologischen Arbeiten von R. Gordon Wasson, Albert Hofmann und Carl Ruck im ihrem Buch *The Road to Eleusis* gezeigt, dass dort mit hoher Wahrscheinlichkeit die Einnahme eines LSD-ähnlichen Ergot-Abkömmlings stattfand.

Die Bedeutung einer spirituell orientierten und geleiteten psychedelischen Erfahrung für die Erleichterung von Todesängsten und als Vorbereitungshilfe für den letzten Übergang hat sich auch auf die heutige medizinische und psychiatrische Forschung und ihre Anwendungen niedergeschlagen. In ihrem Buch *The Human Encounter with Death* beschreiben Stanislav Grof und Joan Halifax ihre Arbeit mit dem Tryptamin DPT (Dipropyltryptamin) und Patienten im Endstadium einer Krebserkrankung. Es ist eine bemerkenswerte Erweiterung der akzeptierten medizinisch-wissenschaftlichen Weltsicht, dass eine Medizin gegeben wird, deren Wirkung nicht in der nachgewiesenen Heilung einer Krankheit liegt – sondern in der Erleichterung der normalen, menschlichen Angst am Lebensende. In jüngerer Zeit hat der Psychiater Charles Grob, der an der UCLA arbeitet, eine Studie beschrieben, in der Psilocybin (die psychoaktive Essenz des altmexikanischen Zauberpilzes) sterbenden krebskranken Menschen verabreicht wurde.

> Eine Frau mit Krebs im Endstadium, die an dieser Studie teilnahm, berichtete (in einem Filminterview) wie alle ihre Ängste vor dem Tod, ihre Schuld und Sorgen um die überlebenden Familienmitglieder zu einer Masse auf ihrer Brust erstarrten, die ihr die Lebenskraft nahm – und sich, als die Wirkung der Psilocybin-Medizin einsetzte, einfach auflöste. Im selben Moment kam sie zu der Einsicht, dass sich alle ihre Ängste und Sorgen auf eine Zukunft bezogen, die noch nicht eingetreten war. Sie erkannte, dass sie einfach ihren Schwerpunkt verlagern konnte, auf das Leben, das sie noch hatte, auf ihre Liebe der Familie, die Schönheit und Freude in ihrem Garten und sogar darauf, etwas für ihr eigenes Wohlergehen zu tun und wieder mehr Yoga zu üben.

Durch Studien wie diese haben vorausschauende Ärzte und Bewusstseinsforscher begonnen, über weitreichende Möglichkeiten einer zukünftigen Medizin für Sterbende nachzudenken, teilweise auch unter Verwendung entheogener Substanzen. Auch wenn das Wachstum der Hospiz-Bewegung und der häuslichen Palliativmedizin ein positives Zeichen darstellt, neigt die Hauptströmung des medizinischen Establishments nach wie vor dazu, den Tod als ein Ergebnis zu betrachten, das mit aggressiven Mitteln verzögert und verhindert werden muss. In einer erweiterten spirituellen Weltsicht, die von der Fortdauer des Lebens nach dem Tod und den Möglichkeiten der Kommunikation mit den Geistern der Verstorbenen ausgeht, wären Zentren in schöner natürlicher

Umgebung vorstellbar, die Menschen in der letzten Etappe ihres Lebens meditative Praktiken mit geleiteten psychedelischen Verstärkungen anbieten könnten.

Solche Zentren für die Vorbereitung der Sterbenden hatte Aldous Huxley (1894–1963) in seinem letzten utopischen Roman *Island* geschildert. Huxley, der als erster sehr viel dafür getan hat, weite Kulturkreise auf psychedelische Substanzen aufmerksam zu machen, beschreibt, wie diese utopische Gemeinschaft ihre *Moksha* genannte Medizin benutzt. *Moksha* ist das Sanskrit-Wort für „Befreiung" als Ziel der Yoga-Praxis. In Huxleys utopischer Gemeinschaft wird die psychedelische *Moksha*-Medizin für Heranwachsende bei Initiationsriten benutzt, bei Erwachsenen in Krisen des Übergangs sowie als Vorbereitung für die Sterbenden.

Der alt gewordene Philosoph setzte seine Vision in die Praxis um, als er selbst an Kehlkopfkrebs starb, am selben Tag, als Präsident Kennedy ermordet wurde, am 22. November 1963. Seine Frau Laura, eine professionelle Musikerin, berichtete, wie er an einem bestimmten Punkt, an dem er unter Beschwerden litt, die ihn extrem schwächten, zu spüren schien, dass seine Zeit gekommen war, und sie um eine Injektion von 100 Mikrogramm LSD bat. Eine weitere Dosis von 100 Mikrogramm wurde eine kurze Zeit später gegeben. Sie beschrieb, wie seine Atmung, die ihm zu schaffen gemacht hatte, leicht und sein Ausdruck, der angespannt war, ruhig und friedlich wurde – während sich im Nebenzimmer am Fernseher das Drama des Mordes in Dallas abspielte. Ihre besänftigenden Worte führten ihn tiefer und tiefer in einen meditativen Zustand und forderten ihn auf, alle Anstrengungen und Anhaftungen in den letzten Frieden zu entlassen. Im folgenden ein Auszug aus dem Brief, den Laura an Aldous' Bruder Julian, seine Frau und einige enge Freunde schrieb. Er ist auf der *Erowid*-Website als Teil der Myron-Stolaroff-Sammlung veröffentlicht worden.

> Nach einer halben Stunde begann sich sein Gesichtsausdruck ein wenig zu ändern, und ich fragte ihn, ob er die Wirkung des LSD spüre, und er bedeutete mir „nein". Doch ich glaube, dass sich schon eine Wirkung zeigte [...] der Ausdruck seines Gesichts sah aus wie immer, wenn er die Moksha-Medizin genommen hatte und wenn ihn dieser ungeheure Ausdruck völligen Glücks und Liebe überkam [...] Er war jetzt sehr ruhig;

er war sehr ruhig und seine Beine wurden kälter; höher und höher sah ich die Stellen blaugefärbter Haut. Dann begann ich zu ihm zu sprechen und sagte „Leicht und frei." Einige der Dinge, die ich ihm in den Nächten zuvor vor dem Einschlafen gesagt hatte. Und jetzt sagte ich sie überzeugender und intensiver – „Geh, geh, lass los, Liebling; vorwärts und hoch. Du gehst vorwärts und hoch; du gehst zum Licht. Du gehst entschlossen und bewusst, entschlossen und bewusst, und du machst das wunderbar; du machst es so wunderbar – du gehst zum Licht; du gehst zu einer größeren Liebe; du gehst vorwärts und hoch. Es ist so leicht; es ist so wunderbar. Du machst es wunderbar, ganz leicht. Leicht und frei. Vorwärts und hoch. Du gehst zur Liebe Marias mit meiner Liebe. Du gehst zu einer größeren Liebe, als du sie je gekannt hast. Du gehst zur besten, zur größten Liebe, und es ist leicht, so leicht, und du machst es so wundervoll."[...]

Ich war sehr sehr nah an seinem Ohr und hoffte, dass ich klar und verständlich sprach. Einmal fragte ich ihn „Hörst du mich?" Er drückte meine Hand. Er hörte mich [...] Später stellte ich die Frage noch einmal, aber seine Hand bewegte sich nicht mehr. Von jetzt an, um 14.00 Uhr, bis zum Zeitpunkt seines Sterbens um 17.20 Uhr, war völliger Friede, Außer einmal, es muss so gegen 15.30 Uhr oder 16.00 Uhr gewesen sein, als ich den Beginn einer Anspannung in seiner Unterlippe sah. Seine Unterlippe bewegte sich, als würde er nach Luft schnappen. Da gab ich meine Anweisungen noch kräftiger [...] Das Zucken der Unterlippe dauerte nur kurz [...] Als das Zucken endete, wurde der Atem langsamer und langsamer, und es gab nicht das kleinste Anzeichen eines Krampfs oder eines Kampfs. Nur das Atmen wurde langsamer und langsamer und langsamer, und um 17.20 Uhr hörte das Atmen auf.

Am Morgen hatte man mich gewarnt, dass es, wenn es aufs Ende zuging, einige unangenehme Krämpfe, ein Zusammenziehen der Lungen und Geräusche geben könnte. Die Leute wollten mich auf einige mögliche schreckliche physische Reaktionen vorbereiten. Nichts davon geschah, und tatsächlich war das Nachlassen des Atmens überhaupt kein Drama, weil es langsam geschah, so zart, wie ein Musikstück, das *sempre piu piano, dolcemente* endet. Es war nicht das Gefühl, dass mit diesem letzten Atemzug der Geist verschwindet. Er war ganz sanft in den vergangenen vier Stunden verschwunden [...] Diese fünf Personen sagten alle, dass dies der gelassenste und schönste Tod gewesen sei. Die beiden Ärzte und die Krankenschwester sagten, dass sie noch nie eine Person in einem ähnlichen körperlichen Zustand so völlig ohne Schmerz und Kampf hatten sterben sehen.

Mythische Führer und Wächter aus dem Reich der Toten

Die Mythologien der meisten Kulturen kennen eine Figur, die entweder als Führer der Seelen (griechisch: *psychopompos*) oder als Engel des Todes bekannt ist. Sie kommt aus der Geisterwelt, um die Seele bei dieser letzten Reise in das Unbekannte zu begleiten und zu unterstützen. Diese Figur nimmt manchmal Züge der angstvollen Assoziationen des Sterbeprozesses selbst an, wie in dem folkloristischen Bild vom „Sensenmann", der gnadenlos menschliches Leben abschneidet, unabhängig vom Status, von Schönheit oder Reichtum. In schamanistischen Kulturen kann der lebende Schamane seinen oder ihren besonderen Tiergeist anrufen, einen Raben, einen Wolf oder ein anderes Tier, wenn die Zeit kommt, jemanden in die Unterwelt zu begleiten. Besonders die Eule mit ihrem außergewöhnlichen Sehvermögen bei Nacht galt als hervorragender Führer – wie in dem Roman über das Leben der Kwakiutl-Indianer von Margaret Craven *Ich hörte die Eule, sie rief meinen Namen* berichtet wird.

Das begabte Medium Kurt Leland unterscheidet in seinem Buch *Unanswered Questions,* einer Art Ökologie der Nachtod-Ebene, zwischen Geistwesen, die er *Vermittler* nennt und die eine Pause im Inkarnationszyklus machen, um uns durch die Zone nach dem Tod zu geleiten; und denen, die er *Aufseher* nennt, die „nicht mehr auf den menschlichen Lebenszyklus fokussiert sind und uns bei der spirituellen Evolution anleiten". Die Aufseher sind möglicherweise mit den in anderen Schriften *aufgestiegene Meister* oder *Bodhisattvas* Genannten identisch.

Die mittelalterliche jüdische Mystik erzählt von dem Engel *Lailah,* dessen Name „Nacht" bedeutet und der sowohl für die zu empfangenden und zu gebärenden Seelen die Hebamme ist als auch der Begleiter für Seelen, die sterben und in das himmlische Heim zurückkehren, aus dem sie kamen. Gemäß den *Midraschim* ist Lailah „ (…) ein Schutzengel, der alle Tage über uns wacht. Und wenn die Zeit gekommen ist, die Erde zu verlassen, führt uns Lailah in die kommende Welt." Eine andere mit dem Sterben verbundene mythische Figur ist *Azrael,* der in der islamischen Mystik als Engel des Todes gilt, aber auch in der hebräischen Tradition der Bibel bekannt ist, wo er eher beängstigende und negative Zuordnungen aufweist.

In der griechischen Mythologie repräsentieren verschiedene Figuren die freundlichen spirituellen und die ängstigenden physischen Aspekte des Tods. *Hermes,* der Götterbote, war der Führer, der den Seelen beistand, wenn sie den Fluß zur Unterwelt des Hades überquerten, er zeigte ihnen den Weg. *Thanatos* war der schwarz gekleidete *Daimon,* der die Loslösung vom Körper personifizierte, wie sein Zwillingsbruder *Hypnos* den Schlaf. Und *Kharon* (oder *Charon*) war der grobe und ungepflegte Fährmann mit den blitzenden Augen, der zögernde Passagiere schlug und in sein Boot zog, um das faule und schlammige Wasser des Flusses *Styx* (dessen Name „Schmerz" bedeutet) zu überqueren. Die Seelen mussten darauf vorbereitet sein, den Fährmann für die Flussüberfahrt zu bezahlen, weshalb es eine Trauersitte war, den Verstorbenen eine Münze auf den Mund zu legen, oder zwei Münzen auf die Augenlider. Von Seelen, die für die Überfahrt nicht bezahlen konnten, das heißt unerwartet oder unvorbereitet starben, glaubte man, sie würden ratlos umherwandern, bevor sie den Übergang auf die andere Seite vollziehen könnten.

Das Überqueren des Flusses Styx und auch des sumpfigen Flusses *Acheron* (dessen Name „Sorgen" bedeutet) war nur die erste Etappe der Reise. Dann, am Eingang zu den Toren des Hades, begegnen die Seelen dem grimmigen, dreiköpfigen Hund *Cerberus* (griechisch: *Kerberos*), der nur lebendes Fleisch frisst. Weil die menschlichen Seelen ihren fleischlichen Körper dann nicht mehr haben, können sie in ihr früheres Leben nicht mehr zurückkehren. Womöglich symbolisiert der fleischfressende, dreiköpfige Cerberus, wie die Verwüstungen des Alters, der Krankheit oder der Verwundungen beim Sterben die oberen, mittleren und unteren Teile des Körpers verzehren.

Im ägyptischen Mythos von der Fahrt durch die Unterwelt *Duat* nimmt *Ammit,* der Krokodil-Hund, eine dem Kerberos vergleichbare Rolle ein. Auf zahlreichen Tempelbildern wird er neben dem Thron des Osiris, des Herrn der Unterwelt, porträtiert, während die Göttin *Maat* jedes menschliche Herz mit ihrer Feder der Wahrheit aufwiegt. Seelen, welche die Fragen wahrheitsgemäß beantworten, die von den Zweiundvierzig Beisitzern gestellt werden, erhalten Einlaß in die höheren Regionen, aber die durch Unwahrheiten beschwerten Herzen werden von Ammit verschlungen, und diese Seelen müssen in eine Art Fegefeuer oder Bewährungsprogramm gehen.

Die Mythen von Cerberus, dem Hund, und Ammit, dem Krokodilhund, beziehen sich auf das weit verbreitete, kulturübergreifende schamanische Motiv der Zerstückelung (engl.: *dismemberment*) als Prolog, bevor man dann (wieder) zusammengesetzt, (wieder-)verkörpert (engl.: *re-membered*) wird für die Heilung und Befreiung. Der Unterschied zwischen den beiden ist, dass der griechisch-römische Cerberus eher die allesverschlingende Zerstörung des physischen Körpers symbolisiert, während das ägyptische Ammit-Krokodil eher auf die Eliminierung der Masken der *Persona* abzielt, die auf falschen Vorspiegelungen, Täuschung und Lügen basieren.

Die Lehren des tibetischen Buddhismus über Tod und Nachleben

Das ursprüngliche *Bardo Thödol* oder *Tibetische Totenbuch* wird dem legendären indischen buddhistischen Meister Padmasambhava aus dem 8. Jahrhundert n. Chr. zugeschrieben, der den Buddhismus nach Tibet brachte. Im *Bardo Thödol* werden drei *Bardo*-Zustände beschrieben, die sich zwischen Tod und Wiedergeburt ereignen; und es gibt drei weitere *Bardo*-Zustände, die in den anschließenden *Wurzel-Versen* erwähnt werden, die sich zwischen Geburt und Tod ereignen – der Wachzustand, Träumen und Meditieren (diese drei *Bardo*-Zustände des Lebens werden in meinem Buch *Raum des Geistes – Strom der Zeit* behandelt).

Das *Bardo Thödol* beschäftigt sich damit, der sterbenden Person Weisungen zur Verfügung zu stellen, wie sie nach dem Tod ihren Weg durch die *Bardo*-Zustände findet, und gibt detaillierte und klare Anleitungen, wie einer Person bei einer möglichst wünschenswerten Art der Wiedergeburt geholfen werden kann. Dem tibetischen Buddhismus zufolge kann sowohl Praktizierenden des Yoga als auch normalen Menschen ohne Neigung zum Yoga auf ihrem Weg durch die verwirrenden und ängstigenden Zustände des Nachtods geholfen werden.

Das *Buch der Befreiung durch das Verstehen der* Bardo-*Zustände* (wie es genannt wird) lehrt, dass eine Befreiung vom Samsara-Zyklus der bedingten Existenz in oder aus jedem der *Bardo*-Zustände erfolgen kann, wenn wir den *Bardo*-Zustand, in dem wir uns gerade befinden, erkennen und die am meisten erleuchtete, bewusste Option wählen, die uns erreichbar ist. Aus diesem Grund bezeichnen die buddhistischen Lehrer dieses Buch nicht nur als eine Vorbereitung auf das Sterben, sondern als umfassenden Führer für das Leben und das Sterben.

Die Lehre des *Bardo Thödol* – in Umrissen – ist, dass unmittelbar im Tod, im *Bardo des Augenblicks des Todes,* die sterbende Person aufgefordert wird, ihre Konzentration auf den einen Punkt des „klaren Lichts" auszurichten, das auch als „das Ungeschaffene" bezeichnet wird. In den Wurzel-Versen im Anhang des *Bardo Thödol* werden die wichtigsten Lehren über jeden einzelnen *Bardo*-Zustand zusammengefasst. Hier ist meine Version des Verses für das *Bardo des Sterbens,* der betont, die Aufmerksamkeit auf das Lösen der Anhaftungen an den physischen Körper und die Welt zu legen:

> *Jetzt, wo das* Bardo *des Sterbens über mir dämmert*
> *Will ich alles Wünschen und Streben nach irdischen Dingen*
> *hinter mir lassen.*
> *Ohne Ablenkung in die Klarheit der Lehren eintretend*
> *Will ich meine Aufmerksamkeit mit dem Raum des Ungeschaffenen*
> *verbinden.*
> *Die Zeit ist gekommen, diesen Körper aus Fleisch und Knochen*
> *gehen zu lassen.*
> *Er ist nur eine vorübergehende und illusorische Hülle.*

Die meisten Menschen sind nicht in der Lage, sich zu konzentrieren, sie werden von Angst und Verwirrung mitgerissen und kommen dann in die zweite Phase, die *Bardo der Erfahrung der Wirklichkeit* genannt wird, in der himmlische und höllische Visionen von „friedvollen und zürnenden Göttern" auftauchen, wie sie in der phantastischen Bilderwelt des tibetischen Buddhismus dargestellt sind. Der Verstorbene wird von den anwesenden Lama-Priestern beständig daran erinnert, sich von diesen himmlischen oder höllischen Visionen nicht überwältigen zu lassen und sich daran zu erinnern, dass sie alle Projektionen unseres eigenen Bewusstseins sind. Aufgrund unzureichender Übung oder Vorbereitung findet sich die durch die *Bardos* reisende Seele bei den meisten normalen Menschen, nach wiederholtem Verfallen in die Unbewusstheit, im dritten Zustand wieder, dem *Bardo der Suche nach Wiedergeburt,* in dem sie oder er umherwandert, um wieder eine gewöhnliche Existenz und eine Familie zu finden, um geboren zu werden. Wie werden auf die Diskussion dieser zweiten und dritten Phase der *Bardo*-Zustände in den folgenden Kapiteln zurückkommen.

4
Leben zwischen den Leben

In der irisch-keltischen Tradition und auch in den theosophischen Konzepten des 19. Jahrhunderts gibt es die Vorstellung von *Sommerland,* einem friedlichen und wunderschönen Ort des Rastens und der Erholung, der besonders für jene wertvoll ist, die aufgrund eines von Schmerzen und Krankheit geplagten Körpers gestorben sind. Im klassischen Griechenland bezeichnete der Name *Elysium* oder *Elysische Felder* eine ähnlich friedvolle Landschaft, in der die Seelen der Tugendhaften ausruhen können. Das Wesen von Sommerland ist, dass es einen Rastplatz darstellt, auf dem die Seelen über das Leben, das sie geführt haben, nachdenken können und sehen, ob sie die Lektionen gelernt haben, die sie lernen wollten, und es dann zu gegebener Zeit erneut versuchen. Dieses Sommerland wird nicht als ein Ort des Gerichts gesehen, sondern eher als eine spirituelle Selbsteinschätzung, bei der die Seele im Rückblick auf ihr Leben ein Verständnis davon gewinnen kann, welche Wirkung ihr Tun auf die Welt hatte. Es wird erzählt, dass die Umwelt und Geographie von Sommerland ein Amalgam deines religiösen Glaubens und deiner persönlichen Träume und Vorstellungen ist.

In der modernen autobiographischen Literatur zu Nahtoderfahrungen (NTE) können wir einige dieser Vorstellungen von den Elysischen Feldern oder dem Sommerland als friedlichem, schönen Rastplatz nach dem Terror und den Schmerzen des Sterbens erkennen. Ein durchgehendes Thema der NTE-Berichte ist, dass nach der abrupten Trennung vom physischen Körper und einer außerkörperlichen Perspektive auf die Todesszene (wie bei einem Autounfall oder während einer Operation), ein tiefgreifender Wechsel zu einer Stimmung von schmerzlosem Frieden stattfindet und das Gewahrwerden eines strahlenden Lichts – manchmal auch ein Eintreten in einen Tunnel mit dem Licht an seinem Ende. Das Individuum empfindet dieses Licht als intelligent, emotional wohltuend und persönlich willkommen heißend.

> Das Letzte, woran ich mich erinnere, war der Assistent des Arztes neben meinem Bett, und dann verließ ich den Körper, und ich konnte ihn unten auf dem Bett sehen. Ich weiß nicht, wie lange ich über meinem Körper blieb und auf ihn hinunter sah, aber plötzlich war ich im wunderschönsten goldenen Licht, und ich blieb dort. Ich fühlte mich so geliebt, ruhig, friedlich und glücklich [...] das goldene Licht war um mich herum und in mir. Ich war in diesem Goldenen Licht ohne jegliche Trennung [...] es war eine so gewaltige Liebe dort, und so viel Liebe, und so viel Schönheit. Ich fühlte Liebe, Mitleid, Verständnis und Wissen.
>
> RING, K.: *Lessons from the Light,* S. 34

> Das Licht war rund und wurde größer und größer, sehr schnell, so dass ich durch den Tunnel gezoomt wurde... ich war zuerst ein bisschen erschrocken, als das Licht mich anstrahlte (oder mich anzog), auch wenn es meinen Augen gar nicht weh tat, wie ich angenommen hatte. Tatsächlich war ich, je mehr ich es ansah, umso mehr hypnotisiert von seiner Friedlichkeit [...] Ich wusste eindeutig und unmittelbar, dass dies nicht irgendein Licht war, sondern dass es lebendig war. Es hatte eine Persönlichkeit, war unfassbar intelligent [...] Ich wusste, dass das Licht ein Wesen war. Ich wusste auch, dass das Lichtwesen Gott war und kein Geschlecht hatte.
>
> RING, K., a.a.O., S. 44

Die Erscheinung eines intelligenten Lichts kann vom Erscheinen verstorbener Familienmitglieder, Eltern, Vorfahren oder Angehöriger begleitet sein. Auch engelartige, spirituelle Wesen, die telepathisch Botschaften des Verständnisses, der Weisheit und des Friedens senden, können dem Individuum erscheinen.

> Da war Licht am Ende des Tunnels, doch bevor ich es erreichen konnte, erschienen zwei von Licht umgebene Figuren. Sie kommunizierten mit mir durch meinen Geist, telepathisch. Ich erkannte eine der Figuren als meinen Vater. Er bestätigte das und stimmte allem zu, was sein Begleiter übermittelte, der eine große Autorität zu haben schien, wie ein Engel oder einer von Gottes Helfern.
>
> RING, K.: *The Omega Project,* S. 110

> Gott war in diesem Glanz. Ich fühlte mich geliebt jenseits aller Beurteilung… und vollkommen akzeptiert. Dieser „Gott" sprach zu mir – keine Worte, das Wissen wurde irgendwie in mich hineingepresst – dass ich eine wilde Vergangenheit hatte, er/sie jedoch darüber erfreut war, wie ich mit meinem Leben klargekommen war, und dass es in Ordnung war […] Dieser Gott war sanft, aber ich wusste, ich musste zurückgehen […]
>
> Ring, K., a.a.O., S. 103

Viele Berichte über Nahtoderfahrungen erwähnen das Empfinden einer Art Rückblick auf das Leben, in dem positive und negative Aspekte ihres Lebens gesehen und bewertet werden. Die Berichte stimmen darin überein, dass dieser Prozess des Lebensrückblicks, begleitet von einer Versammlung von Führern, Älteren und manchmal Vorfahren, in einer Atmosphäre liebevoller Zuwendung und Freundlichkeit stattfindet, ohne irgendeinen Hauch eines strafenden Gerichts. Die verstorbene Seele nimmt an diesem Prozess des Lebensrückblicks selbst teil; das verleiht dem Ganzen die Qualität einer gemeinsamen Bewertung der erreichten oder nicht erreichten Fortschritte und der gelernten oder nicht gelernten Lektionen im Leben, und dies stets in einem Kontext liebevollster Anerkennung.

> Szenen aus meinem Leben begannen vor meinen Augen in sehr hoher Geschwindigkeit abzulaufen. Es schien, als sei ich ein passiver Beobachter dieses Ablaufs und jemand anderes würde den Projektor bedienen. Ich schaute objektiv auf mein Leben, zum ersten Mal überhaupt. Ich sah das Gute genauso wie das Schlechte.
>
> Ring, K.:, *Lessons from the Light,* S. 13

> Dann wurde mir jedes einzelne Ereignis in den 22 Jahren meines Lebens gezeigt, in einem unmittelbaren, dreidimensionalen Panorama-Rückblick […] Die Helligkeit zeigte mir jede Sekunde all dieser Jahre, in den kleinsten Details, scheinbar in einem einzigen Augenblick. Während ich mein Leben noch einmal durchlebte, wurden keine Urteile darüber von irgend jemandem abgegeben. Niemand zeigte mit dem Finger auf das Schreckliche oder beschuldigte mich wegen irgendwelcher Fehler. Da war nur eine überwältigende Präsenz völliger Anerkennung, völliger Offenheit und tiefster Liebe.
>
> Ring, K.: a.a.O., S. 165

Diese Erlebnisse und Visionen nach dem Tod ereignen sich in einem Bereich außerhalb der Zeit – tatsächlich dauert die ganze Nahtoderfahrung oft nur wenige Minuten, wenn man sie an der Uhrzeit misst –, auch wenn es danach Stunden dauert oder man viele geschriebene Seiten benötigt, um darüber zu berichten. Die vollständige Transzendenz der Zeit in dem Bereich nach dem Tod wird dramatisch illustriert vom Erlebnis eines Mannes, der eine unerwartete Nahtoderfahrung hatte, während er unter dem Einfluss von LSD stand. Diese Geschichte wurde mir von einem Zeugen des Ereignisses berichtet.

> Der besagte Mann hatte eine ziemlich hohe Dosis LSD genommen, zusammen mit einigen Freunden, nachts, auf dem Dach eines Apartmenthauses in Detroit. Auf dem Dach befanden sich einige Ventilatorschächte, die etwa 80 Zentimeter über das Dach ragten. Tief versunken in seine LSD-Trance, dachte der Mann, als er einen Schritt über den Rand des Schachts hinaus machte, auf dem er stand, dass er jetzt vom Dach stürzen und deshalb sterben würde. In der Sekunde oder weniger, die es brauchte, die 80 Zentimeter herunterzufallen, lief eine schnelle Folge seiner Lebensszenen vor seinen erstaunten Augen ab.
>
> Metzner: *The Unfolding Self*, S. 144

Eine völlige Transzendenz der Zeit wie in diesem Bericht ist in vielen Berichten über Nahtoderfahrungen zu finden, besonders beim Lebensrückblick. Der NTE-Forscher Kenneth Ring hat vorgeschlagen, dass in solchen Erfahrungen die Zeit verräumlicht ist. Er zitiert den folgenden Bericht einer Frau, die als Kind eine Nahtoderfahrung erlebte und eine weitere als Erwachsene.

> Was die Frage der Zeit betrifft: Alles geschah augenblicklich. Alles geschah auf einmal, aber wir sind an die Einschränkungen der Sprache gebunden […] Als mein Leben vor meinen Augen ablief, begann es nicht mit meiner frühesten Erinnerung im Alter von 13 Monaten. Da war ein riesengroßer Fernsehbildschirm vor mir […] Ganz weit links waren meine Erinnerungen mit 13 Monaten, und ganz weit rechts waren meine Erinnerungen mit 38. Alles dazwischen war direkt vor mir und ich konnte die ganze Sache sehen, alles im selben Augenblick.
>
> Ring, K.: *Lessons from the Light*,S. 150

Einige gläubige oder fundamentalistische Christen, die Nahtoderfahrungen gemacht haben, berichten von einer mitfühlenden Offenbarung der Wahrheiten des eigenen Lebens – und nicht von der strafenden Trennung in „Schafe“ und „Böcke“ oder der Verdammung zu ewiger Strafe oder langanhaltendem Fegefeuer, die sich im fundamentalistischen Dogma finden. Tatsächlich erwähnt eine gläubige Katholikin in dem Bericht über ihre Nahtoderfahrung, dass sie sich aufgrund ihrer panischen Angst, „in Sünde zu sterben“, anfangs gegen ihre Visionen eines Führungsengels wehrte, bis sie endlich fähig war, die mitfühlende Akzeptanz der heiligen Figur, die ihr erschien, anzunehmen.

Die Anerkennung eines nachtodlichen Treffens mit mitfühlenden Führern oder unterstützenden Angehörigen kann auch im Zusammenhang mit einer Rückführungstherapie auftreten und sehr befreiend wirken.

> Eine Ärztin aus meinem Bekanntenkreis hatte in Träumen und veränderten Bewusstseinszuständen wiederholt verstörende Visionen, von einer wütenden Menge Männer und Frauen verfolgt zu werden, die mit Stöcken und Mistgabeln bewaffnet waren und „Tötet die Hexe, tötet die Hexe!“ riefen. Die Visionen endeten immer damit, dass sie allein und verängstigt wegrannte und der Mob sie verfolgte. In einem therapeutischen Trancezustand gab ich ihr die Anweisung, nicht mehr zu rennen, sich umzudrehen und die Verfolger anzublicken. Sofort wusste sie und akzeptierte, dass dies eine Sterbeerinnerung aus einem vergangenen Leben war. Als sie ihren Körper verließ, traf sie ihre Mutter und ihre Tante, weise alte Heilerinnen, die vor ihr gestorben waren und die sie liebevoll begrüßten.

Die mit einem traumatischen Tod verbundene Angst könnte bewirken, dass die Erinnerung des Traumas festgeschrieben wird und so in das nächste Leben mitgenommen wird – ähnlich wie innerhalb eines Lebens ein Trauma zu zwanghaften Wiederholungen führen kann. Bei der wiedergeborenen „Hexe“ tauchten die Verfolgungsvisionen nicht wieder auf.

Kommunikation zwischen den Lebenden und den Geistern Verstorbener

Im 19. und frühen 20. Jahrhundert wurde im Westen der spirituelle Bedarf an Kommunikation zwischen Lebenden und ihren verstorbenen Angehörigen von parapsychologisch begabten spirituellen Medien gedeckt. Eines der erstaunlichsten war Emily French (1831–1912), eine gebrechliche, gehörlose Frau, die während ihrer Befragungen in einer sogenannten „direkt-unabhängigen Stimmen-Kommunikation" die sehr laute männliche Stimme ihres indianischen Führers „Red Jacket" hervorbrachte, die genaue und ausführliche Antworten auf Fragen zum Nachtod gab. Ihre Lehren, die damals durch den Rechtsanwalt Edward Randall untersucht und aufgezeichnet wurden, sind unlängst in einer faszinierenden Zusammenstellung von N. Riley Heagerty als Neuauflage unter dem Titel *The French Revelation* erschienen.

Für mich ist eine der faszinierendsten Einsichten aus dieser Arbeit der Bericht über die Rolle des Mediumismus oder der „Geisteingebungen", wie das Phänomen ebenfalls genannt wird, bei der Entstehung von Werken der Literatur und Kunst. Die Autorenschaft der Werke von William Shakespeare, die Brillanz ihrer Vielfalt und ihrer Einsichten in die menschliche Psyche und ihre Kenntnis der Eigenarten vieler Kulturen und Epochen ist seit langem umstritten. Wie konnte dieser aus der Arbeiterklasse stammende einfache Mann vom Land und Schauspieler mit solchen außergewöhnlichen Werken hervortreten? Im Buch *The French Revelation* werden die Geister-Autoren, die sich durch Emily French und Edward Randall mitteilen, mit der Feststellung zitiert:

> … sämtliche Werke Shakespeares [waren] zweifellos das Produkt seiner Feder; aber die Einfälle, die Stücke, die Tragödien waren das Werk vieler Geister und wurden Shakespeare von Geistern eingegeben. Er war das sensitive Instrument einer Gruppe erfahrener und ausgezeichneter Gelehrter, die während ihrer irdischen Zeit in vielen Ländern lebten und der Nachwelt die grandiosen Meisterwerke des Barden von Avon überließen. *(Der vollständige Text von* French/Randall *zu Shakespeare findet sich im Anhang, Seite 126.)*

Vielleicht ist es das Zeichen für einen Wandel im kollektiven Bewusstsein des Westens, dass seit der Zeit des Zweiten Weltkriegs ein auffallender Zuwachs an dokumentierten und glaubwürdigen Kommunikationen zwischen Lebenden und Toten festzustellen ist – aber ohne Vermittlung durch eine dritte Person. Begabte zeitgenössische Medien wie Kurt Leland oder Sylvia Browne haben zur Literatur der Beschreibungen der Bereiche nach dem Tod ebenso beigetragen wie Hypnotherapeuten, zum Beispiel Michael Newton, der sich auf das Herbeiführen von tiefen Trancen spezialisiert hat, um Menschen in das Leben zwischen den Leben zu führen.

In Träumen und visionären Begegnungen mit den Geistern Verstorbener fällt vielen Menschen auf, dass, sobald sie Trauer und Schuldgefühle soweit überwunden haben, dass sie für ihre Angehörigen empfänglich sind, diese dann auch erscheinen – aber nicht in der gealterten, kranken oder verkrüppelten Gestalt aus der Zeit vor ihrem Tod, sondern in der Blüte ihres Lebens, gesund und strahlend. Ich denke, dass solche Visionen einer verjüngten Gestalt auftreten können, wenn einige Zeit nach dem Tod vergangen ist – und die verstorbene Seele so etwas wie die reinigenden und heilenden Einrichtungen der anderen Seite durchlaufen hat. Es könnte auch sein, dass die Überlebenden zuerst mit ihrer Trauer (und manchmal mit ihrer Schuld, nicht genug für den Verstorbenen getan zu haben) zurechtkommen müssen, um für solche visionären Begegnungen empfänglich zu sein.

In seinem Buch *Reunions: Visionary Encounters With Departed Loved Ones* hat der Arzt Raymond Moody, einer der ersten Erforscher von Nahtoderfahrungen, seine wegweisenden Versuche mit dem von ihm so genannten *Psychomanteum* beschrieben, einem speziell geschaffenen Raum mit einem gekippten Spiegel, der Visionen und Konversationen mit den Seelen Verstorbener ermöglicht. Die Toten erschienen normalerweise gesund, sprachen in einer freundlichen, aber bestimmten Art, unterrichteten ihre überlebenden Angehörigen über die Realität des Lebens in der spirituellen Welt und ermutigten sie oft, mit ihrem Leben voranzukommen, Manchmal trafen die Personen ein anderes verstorbenes Familienmitglied als dasjenige, welches sie erwartet hatten.

> Ich hatte nicht wirklich vor, meinen Neffen zu treffen, als ich in dem Erscheinungs-Raum war. Ich saß da scheinbar schon eine ganze Zeit […] und hörte plötzlich auf, irgend etwas zu erzwingen, lehnte mich zurück und entspannte […] Da hatte ich plötzlich ein sehr starkes Gefühl von der

Anwesenheit meines Neffen, der Selbstmord begangen hatte. Ich war diesem Neffen nah, er war nach meinem Vater und meinem Namen benannt. Ich hatte ein starkes Gefühl seiner Präsenz und hörte seine Stimme sehr klar. Er grüßte mich und überbrachte eine sehr einfache Botschaft. Er sagte „Laß meine Mutter wissen, dass es mir gut geht und dass ich sie sehr liebe." Es war eine sehr tiefgehende Erfahrung. Ich weiß, dass er dort bei mir war. Diese Stimme ist anders, als einen Gedanken zu haben, es ist nicht dieselbe Erfahrung wie das Hören einer Stimme. Es ist, als ob mental gesprochen wird [...] ich bin mir sicher, dass ich in Kommunikation mit meinem Neffen stand.

Moody, R., *Reunions,* S. 91–92

Moody berichtete über einige grundsätzliche Beobachtungen aus seiner Erforschung dieser Art von Kommunikation nach dem Tod. Eine war, dass man oft anderen verstorbenen Familienmitgliedern begegnet als man erwartet. Eine andere war, dass sie Erscheinungen, wenn sie auftreten, den Spiegel verlassen und neben der Testperson stehen können. Einige Menschen fühlten sich sogar von ihren Verwandten in Geistergestalt berührt oder umarmt, während andere Berührungen ausdrücklich für unerwünscht erklärten. Auch wenn Moody es nicht erwartet hatte, fanden in etwa der Hälfte der Fälle tatsächliche Gespräche statt, gewöhnlich von beruhigender und klarstellender Art, manchmal durch das Hören einer Stimme und machmal eher direkt telepathisch.

Moody und andere hatten im Psychomanteum bei solchen Begegnungen den Eindruck, dass die verstorbenen Seelen Schwierigkeiten hatten, sich sichtbar für die Lebenden zu machen, und doch bestanden alle Beteiligten ausdrücklich darauf, dass dies Wiederbegegnungen mit „realen" Personen waren – keine Phantasien oder Einbildungen – und dass diese Erfahrung eine spirituelle Transformation bedeutete, die die Ansichten der Lebenden über den Sinn des Lebens und des Sterbens dauerhaft veränderten.

Nach dem Tod meines Sohnes Ari sollte es mehr als zehn Jahre dauern, bis ich in der Lage war, genug von der Trauer und der Schuld aufzulösen, um mit ihm eine bedeutungsvolle Konversation zu führen, in einem wachen meditativen Zustand. Bei diesen Konversationen „sah" ich ihn jedoch nicht in seiner Gestalt (die nur spontan in Träumen auftauchte, üblicherweise in der Form von Erinnerungsbildern). Meistens war unsere Kommunikation eine Art feines inneres „Hören", bei dem ich ihm eine Frage stellte und direkt eine Antwort erhielt.

Einmal fand eine unerwartete Kommunikation statt, als ich meditierend in meinem Zimmer saß und plötzlich deutlich eine Kinderstimme „Papa" sagen hörte. Zuerst dachte ich es sei meine Tochter, aber ich wusste, dass sie nicht im Haus war. Dann dachte ich, es sei mein Stiefsohn gewesen, bis mir einfiel, dass er es nicht gewesen sein konnte, weil er mich nicht „Papa" nannte. Und dann merkte ich, dass es Ari war, der meine Aufmerksamkeit auf sich ziehen und ein Gespräch beginnen wollte. Er machte weiter – nur mit telepathischer Gedankenübertragung –, und ermunterte mich, in den Vorträgen, die ich während einer bevorstehenden Reise nach Deutschland halten wollte, über die Mythen von Odin und seinem Sohn Baldur zu sprechen. Ich hatte gezögert, es zu tun, weil diese Geschichten mir persönlich fast zu nahe gehen.

Nachdem ich Moodys Buch *Reunion* gelesen hatte, stellte ich bei einer Visionssuche in der kalifornischen Wüste Ari innerlich die Frage, ob er sich zeigen könne, damit ich ihn „sehen" könnte, wie die Menschen in dem Psychomanteum. Seine Antwort kam sofort und unmittelbar und schien in meinem Bewusstsein von einem Platz direkt neben meinem Herzen zu kommen. „Was willst du wissen? Ich bin doch schon hier!" Seine Antwort bestätigte meinen Eindruck, dass für die Seelen in der Geisterwelt das Herstellen einer visuellen Erscheinung indirekt und irgendwie schwierig ist. Ihre bevorzugte Methode der Kommunikation scheint eine Art telepathischer Übertragung mit direkten Gedankentransfer zu sein.

Eine weitere Art möglicher therapeutischer Kommunikation mit Verstorbenen wurde zufällig von dem Psychologen Allan Botkin entdeckt, der mit traumatisierten Kriegsveteranen in einer Klinik der *Veterans Administration* in Chicago arbeitete. Botkin nutzte die EMDR-Methode (*Eye Movement Desensitization and Reprocessing*), um Veteranen des Vietnam- und Irak-Kriegs zu helfen, ihre posttraumatischen Symptome zu überwinden. Die EMDR-Methode, bei der die Klienten aufgefordert werden, den horizontalen Handbewegungen des Therapeuten zu folgen, während sie sich an erschreckende Horrorszenen erinnern, hat nachweisbare Erfolge bei der Linderung von Traumareaktionen gezeigt.

Einige der Soldaten, die Zeuge oder Verursacher des Todes eines anderen waren (eines Kameraden oder Zivilisten), fanden sich plötzlich unerwarteterweise in einer Begegnung mit der Seele des Getöteten wieder – und in einer Kommunikation von Vergebung und friedlicher Heilung. Allan Botkin, der genauso wie seine Veteranen überrascht war, die Realität von Bewusstsein und Kommunikation nach dem Tod zu entdecken, hat die Methode und Ergebnisse in seinem Buch *Induced After Death Communication* beschrieben.

Die folgende nachtodliche Konversation zwischen einem Mann und seinem 22-jährigen Sohn, der beim Angriff einer Straßenbande getötet wurde, wurde mir durch den Vater übermittelt, einen meiner Klienten und Freunde. Ich hatte ihm gezeigt, wie er ein Kommunikationsritual mit seinem verstorbenen Sohn aufbauen kann, wenn er sich in einer ungestörten Umgebung in einen ruhigen meditativen Zustand begibt. Ich empfahl ihm, die Antworten, die er bekam, aufzuschreiben. Als erstes wollte der Vater wissen, wie sein Sohn den Sterbeprozess empfunden hat. Er bekam die folgende Antwort:

> Ich war eine Weile allein. Verwirrt; fragte mich, was geschehen war. Ich sah Licht und ging in die Richtung. Ich wurde empfangen; ich war warm, gebadet in Liebe. Ich fühlte mich wieder sicher. Da waren Menschen, die ich liebte, sie kümmerten sich um mich, sie halfen mir, den Schock zu überwinden. Sie hielten mich. Ich nahm alles in mich auf. Es war, wie wenn ich mit euch in der Küche sitze. Sicher, familiär, einfach umsorgt, von Menschen, die wussten, was ich brauchte. Ich war sehr schnell wieder in Ordnung. Meine Seele schmerzte noch eine Weile wegen dem, was geschehen war. Die Gewalt. Der Verlust. Nicht nach Hause zu meiner Freundin können. Aber ich war in Ordnung.

Dann fragte der Vater, wie der Übergang normalerweise abläuft und was während dieses Prozesses geschieht. Die Antwort zeigt deutlich, dass die Seele des toten Sohnes an die Ängste des lebenden Vaters anknüpft und darauf mitfühlend und beruhigend antwortet:

> Verwirrung, Trennung. Du siehst die Dinge von oben. Losgelöst. Dann leitet dich irgendetwas, und du bekommst ein Gespür für die Richtung.

Ein Ort oder ein entfernter Punkt, der herüberwinkt. Wie ein Leuchtturm in der Nacht. Dann wirst du begrüßt. Wer dann auftaucht, das hängt davon ab, was du brauchst. Wenn du vom Leben wirklich gebrochen bist, kommen einige Heiler. Sie nehmen dich an der Hand, übergießen dich mit Liebe. Sie streicheln dich – ja, man kann noch gestreichelt werden hier. Dann gehst du weiter zu deiner Familie. Bald. Und dann weißt du, dass alles in Ordnung ist. Du bist zu Hause. Es hat nicht lange gedauert bei mir. Du hast mehr Angst, deshalb könntest du ein bisschen mehr Streicheln gebrauchen und dass sich jemand um dich kümmert. Wir werden sehen. Aber es wird dir gut gehen. Wir werden hier sein und warten. Ich werde da sein. Mach dir keine Sorgen. Es wird schön. Wir werden dich durch das Loch ziehen.

Wie schon gesagt, erscheint in diesem kommunikativen Austausch der Verstorbene normalerweise in strahlender Gesundheit und übermittelt Sichtweisen eines erweiterten Wissens. Diese Art von Kommunikation erlebte ich in einem ungewöhnlich lebendigen Traum, den ich genau ein Jahr nach dem Tod meiner Mutter hatte. Mein träumendes Selbst, das in meinem Haus in Kalifornien schlief, sah meine Mutter in dem Sterbehaus liegen, in dem ich sie gesehen hatte, nachdem sie gestorben war. Als ich ihr Gesicht anschaute, war ich einmal mehr erstaunt über den Kontrast zwischen der geliebten Vertrautheit der Züge und ihrem absoluten Stillstand – so anders als die ständigen Bewegungen ihres Gesichts, als sie am Leben war. Als ich über dieses Paradox nachdachte, verwandelte sich ihr Gesicht plötzlich in das einer strahlenden, schönen jungen Frau, die ihre Augen öffnete und mich anlächelte. In diesem Moment gab es einen wahrnehmbaren Knall in meinem Kopf, das die Gedankenform von meiner Mutter als „dieser alten Dame“ auflöste und losließ – und mich an die unsterbliche Seele ihres Wesens erinnerte.

Der Lebensrückblick in den ägyptischen Lehren vom Leben nach dem Tod

In den komplexen Lehren des pharaonischen Ägyptens über den Nachtod, die in eine viel frühere Zeit als die griechischen Mythen oder die Lehren des Christentums zurückreichen, können wir einige Elemente erkennen, die von diesen späteren Traditionen aufgenommen wurden. Wir haben schon im letzten

Kapitel gesehen, wie Ammit, der Krokodilhund, neben Osiris, dem Herrn der Unterwelt, sitzt – ganz ähnlich wie der Höllenhund Cerberus die fleischlichen Überreste der Verstorbenen verschlingt.

In vielen ägyptischen Tempelzeichnungen können wir sehen, wie das nachtodliche Treffen mit Osiris, dem Herrn der Unterwelt, dargestellt wird. Osiris hat drei Formen – grün, schwarz und weiß. In seiner grünhäutigen Form ist er der Gott der Vegetation, von dessen auf der Erde ausgebreiteten grünen Leib das nahrhafte Korn nach oben sprießt. In seinem schwarzen Hautkleid ist er der Gott der Fruchtbarkeit, Gemahl der Schwarzen Göttin Isis, die mit der wertvollen schwarzen Erde des Nils verbunden wird, wenn er das Land überschwemmt hat. Die Farbe Schwarz war im alten Ägypten und in den Kulturen des Alten Europa mit Leben und Fruchtbarkeit verbunden und nicht mit dem Tod, wie in den späteren indogermanischen (darunter den griechischen, germanischen und keltischen) Kulturen. Die Weiße Göttin und der weißgekleidete Osiris dagegen waren mit dem Tod assoziiert und wurden in Statuen aus Marmor oder Knochen dargestellt.

In der ägyptischen Darstellung der Reise nach dem Tod wird die verstorbene Seele von der ibisköpfigen Gottheit *Thoth* begleitet, dem weisen und unbestechlichen Buchhalter der Götter, der alle guten und schlechten Taten des Verstorbenen aufgezeichnet hat. Es war die Rolle von Thoth, der Seele des Verstorbenen ihren Lebensrückblick zu präsentieren und die guten und schlechten Taten klar und objektiv festzuhalten, wie es in den Nahtodberichten aus heutiger Zeit berichtet wird.

Die Seele des Verstorbenen wird außerdem von dem falkenköpfigen *Horus* und dem schwarzen Schakal (oder schakalköpfigen) *Anubis* begleitet, dem Schutzheiligen der Heiler und Ärzte und der für den Mumifizierungsprozess Verantwortlichen.

Nachdem er, begleitet von Anubis, Horus und Thoth, vor dem weißgekleideten Osiris gestanden hat, wird sein Herz auf der Waage der Göttin *Maat* gegen die Feder der Wahrheit aufgewogen. Die Verstorbenen mussten wahrheitsgemäß auf die Fragen antworten, die von den *42 Assessoren* gestellt wurden, die auf den Sargwänden in Reihen porträtiert sind.

Ausschnitt aus dem Totenpapyrus des Hunefer, um 1300 v.Chr. Foto: British Museum, London

Die Fragen wurden so gestellt, dass bei jedem fälschlichen Leugnen unreiner, ungerechter oder eigennütziger Dinge diese Falschheit dem Gewicht des Herzens hinzugefügt wurde. Das von Falschheit belastete Herz kam auf die Ebene, wo seine giftigen Unreinheiten von Ammit, dem Krokodilhund, verschlungen wurden. Wenn man hingegen alle Fragen wahrheitsgetreu beantwortete, blieb das Herz im Gleichgewicht mit der Feder der Wahrheit – und man konnte über die helle Straße weitergehen, die zu den Sternen und den höheren Göttern führte.

Joan Grant (1907–1989) war eine medial begabte Engländerin, die sechs posthume Autobiographien geschrieben hat, die auf ihrer genauen Erinnerung an vergangene Leben beruhen. In *Winged Pharao* beschreibt sie ein ägyptisches Leben, in dem sie sowohl Priesterin wie Königin war und sich einer mühevollen Übung unterzog, die „Fernerinnerung" genannt wurde. Sie beschreibt das pharaonische Sterberitual und den Gang durch die nachtodlichen Erfahrungen, das Wiegen des Herzens und die Befragung durch die 42 Beisitzer. Hier sind (als Beispiel) fünf dieser Fragen (gemäß ihrer Niederschrift):

Und der erste wird ihn herausfordern und sagen: Hast du deinen Körper weise und rücksichtsvoll behandelt, so wie es der Schöpfer in den Tagen deiner Jugend getan hat?

Und der vierte wird sagen: Hast du nur mit Frauen zusammengelegen, die dein Geist ebenfalls liebte?
Und der dreizehnte wird sagen: War dein Herz von den Klauen der Eifersucht zerrissen?
Und der dreiundzwanzigste wird sagen: Hast du Brot an die Armen gegeben und die Früchte des Weinbergs an die Bedürftigen?
Und der vierzigste wird sagen: Hast du dich an die Pflanzen erinnert, die einst deine Geschwister waren, und ihren Durst gestillt, damit sie blühen konnten?

Die Lehren dieser mystischen Bildwelt des alten Ägypten stellen in mancher Hinsicht eine Vorwegnahme des Jüngsten Gerichts dar, wie es in der späteren christlichen Ikonographie dargestellt wird. In seiner Darstellung einer unparteiischen Beurteilung oder Bewertung durch einen Rat von Wesen jedoch (anders als das dualistische Urteil über Gut und Böse und anschließende Bestrafung) sowie mit seiner Betonung auf dem Aussprechen der Wahrheit scheint es näher an beschriebenen Erfahrungen von Nahtoderlebnissen zu liegen.

Wir können natürlich nicht mit Sicherheit wissen, was uns im *Nachtod* begegnen wird. Vielleicht sind die ägyptischen Lehren und die Berichte von Nahtoderfahrungen alle nur auf den Erlebnissen spirituell entwickelter Menschen begründet, und die Erfahrung normaler, unvorbereiteter Menschen ist eine ganz andere.

Der zweite *bardo*-Zustand im tibetischen Buddhismus

Im *Bardo Thödol* wandert der Verstorbene, sofern er während des *Bardo des Sterbens* aufgrund mangelnder Konzentration und Vorbereitung nicht in der Lage ist, in die Bereiche der nicht blockierten Reinen Länder zu gelangen, durch die „Zwischenreiche" der zweiten *bardo*-Ebene. Dramatisch entgegengesetzte visionäre Begegnungen mit friedvollen, engelartigen und schrecklichen, dämonischen Wesen sind in dieser Phase das vorherrschende Merkmal. Es gibt auch Begegnungen mit „wissensbewahrenden Gottheiten", deren flammenumsäumte Körper die falschen Vorstellungen wegbrennen, die das wahre Wissen blockieren und verzerren.

Der Verstorbene wird von den anwesenden Lamas deshalb wiederholt daran erinnert, sich von den himmlischen Visionen nicht überwältigen und sich von den höllischen Visionen nicht erschrecken zu lassen. Diese wunderbaren und hässlichen Visionen, so wird ihm gesagt, sind die Reflektionen und Projektionen deines Verstandes und deines Lebens, wie sie in dem vom Todesgott *Yama* hochgehaltenen Spiegel zu sehen sind. Wenn du auf dem mittleren Weg zwischen den Extremen dualistischer Urteile zentriert bleibst, wirst du in der Lage sein weiterzugehen, zu den Bereichen des reinen Lichts in den höheren Dimensionen.

Hier ist die zusammengefasste Lehre aus den Wurzel-Versen, die den zweiten *bardo*-Zustand betrifft, der in der Übersetzung von Evans-Wentz das *Bardo der Erfahrung der Wirklichkeit* genannt wird. Weil es im wesentlichen von den Visionen von Himmel und Hölle handelt, die man in dieser Phase erlebt, nenne ich es das *Bardo der Visionen.*

Jetzt, wo ich in das Bardo der Visionen eintrete,
will ich allen aufkommenden Schrecken und Terror hinter mir lassen.
Erkennend, dass alles, was in diesem Zwischenzustand
als Erscheinungen und Visionen aufkommt,
meine eigenen Gedankenformen sind.
Dies ist eine entscheidende Kreuzung auf dem Weg.
Ich werde die friedlichen und erschreckenden Visionen in meinem Bewusstsein nicht fürchten.

Aufgrund unzureichender Übung oder Vorbereitung jedoch findet sich bei den meisten normalen Menschen die *bardo*-reisende Seele nach wiederholtem Verfallen in die Unbewußtheit im dritten Zustand, dem *Bardo der Suche nach Wiedergeburt,* wieder, in dem sie oder er umherwandert und wieder nach einer gewöhnlichen Existenz sucht. Diese Phase der Wiedergeburt werden wir im nächsten Kapitel behandeln.

Die Versammlung der Seelen der Vorfahren und führenden Geister

Der moderne Reisende in die Nachtodes-Bereiche – gleich ob er in meditativen oder psychedelischen Zuständen oder im Zustand einer Nahtoderfahrung ist – wird höchstwahrscheinlich keinen Figuren aus der ägyptischen, der buddhistischen oder anderen Mythologien begegnen, es sei denn, er hat durch seine frühere Beschäftigung oder Übungen eine Verbindung zu diesen Gottheiten entwickelt und kann sie an ihrer Erscheinung erkennen. In der früheren Phase meines Lebens waren diese Figuren meines Erachtens Konstruktionen mythischer Einbildungskraft. Nach vielen Jahren des Studiums dieser alten Kulturen und dem Erkunden meditativer, schamanischer und entheogener Bewusstseinszustände haben einige dieser Figuren bisweilen jedoch eine gewisse Lebendigkeit und unmissverständliche Realität angenommen.

Das Erkennen der Wirklichkeit bei solchen visionären Begegnungen ist einer Traumvision nicht unähnlich, in dem man ein verstorbenes Familienmitglied oder einen Freund wieder trifft. Man kann zu der Einsicht kommen, dass die Begegnung im Traum mit einem verstorbenen Angehörigen oder Partner kein Phantasiegebilde ist, sondern das Treffen mit einem wirklichen Wesen, das jetzt nur noch in der Geisterwelt existiert. Während wir auch weiter in unseren Träumen und Vorstellungen alle möglichen Phantasiegebilde schaffen, kann es dennoch geschehen, dass wir Geistwesen begegnen, die wir Führer oder Gottheiten nennen, die einen unmissverständlichen Hauch von Wirklichkeit haben, und dass wir von ihnen Lehren und Ratschläge von direkter Bedeutung für unser Leben bekommen.

In meinem Buch *Der Brunnen der Erinnerung* habe ich erwähnt, wie ich bei meiner Arbeit an den Geschichten der nordischen Götter mehrmals den deutlichen Eindruck hatte, dass die Einsichten und das Verständnis, das ich gewann, von Odin kamen, dem wissenssuchenden Schamanengott der alten Germanen, dessen Mythologie ich erforschte. Nach verschiedenen Reisen nach Ägypten und intensivem Eintauchen in die ägyptischen Lehren von Tod und Wiedergeburt bekam ich eine unerwartete visionäre Bestätigung der Realität von *Anubis:*

> Ich saß und führte eine kleine Gruppe von Reisenden, die in zwei Räumen lagen, die wir unser „Geister-Kanu" nannten, auf einer tiefen inneren Reise. Ich beugte mich vor, um eine der Reisenden, die weinte, zu trösten, als ich plötzlich aus meinem Augenwinkel einen großen schwarzen Hund wahrnahm, der neben mir auf der anderen Seite saß. Ich war gleichzeitig erschrocken über die enorme Größe des Hundes, der mir

bis zu den Schultern reichte, und sofort beruhigt, als ich merkte, dass der Geisterhund ganz ruhig war und eine Atmosphäre von Frieden und Schutz ausstrahlte. Dann begriff ich mit Ehrfurcht und Dankbarkeit, dass uns Anubis tatsächlich erschienen war, um uns bei unseren Meditationen über die Reise nach dem Tod zu unterstützen und zu schützen – so wie er es vielleicht auch bei den Priestern des Anubis getan hatte, die die Initianten im pharaonischen Ägypten leiteten.

Bei unserer Divinationsarbeit an der Verbindung aus der pränatalen Phase, die im zweiten Kapitel beschrieben wurde, fanden wir bisweilen zugleich mit der Versammlung der Vorfahren auch andere, höherdimensionale Wesen. Bei anderen Divinationen versuche ich manchmal auch, die Teilnehmer direkt zurückzuführen zu der Versammlung der Seelen, welche die Angehörigen ebenso einschließt wie geistige Führer oder Gottheiten, die weit jenseits der normalen irdischen Existenz der Menschen stehen, aber mit uns auf spirituelle Art verbunden sind. Mit fortgesetzter meditativer Einstimmung auf diese Seelendimensionen können Menschen damit beginnen, besondere Wesen zu identifizieren und zu benennen, die uns viele Leben lang führen.

Der Mann, der sich bei seiner pränatalen Divination (Kapitel 1, Seite 27) an den schmerzvollen Bruch zwischen seinen Eltern nach der Geburt erinnerte, sagte, als er zur Versammlung der Seelen geführt wurde:

> Ich sah weiterhin Bilder von anderen Wesen, Geistwesen, mit denen ich vorher in Verbindung war. Ich erinnerte mich an sie aus meinen früheren Sitzungen. Und sie waren wieder da, es waren Lichtwesen. Sie waren nicht menschlich. Und es ging um eine Abmachung, die ich mit ihnen hatte […] bevor sie meine Frage beantworten wollten, was meine Bestimmung war, hier, in dieser Inkarnation. Es war völlig klar. Und es gab eine Feier, als ich mich an diese Abmachung mit der Versammlung der Seelen erinnerte. Es war, meine Wahrheit unverfälscht zu leben und das Licht zu sein, das ich bin – offen und liebend … im Dienst.

In einer Divination der Wiederversöhnung mit den Eltern schaute eine Psychotherapeutin auf die schicksalhafte karmische Verbindung mit ihrer Mutter zurück und bekam Anleitungen von ihren Vorfahren, wie sie jenseits dieser Beziehung ihre Bestimmung finden konnte. Diesem Rat folgend, fand sie sich in einem höheren Rat von Ältesten wieder, jenseits oder hinter ihren Vorfahren.

> Ich löse mich auf, bis nur noch das Wesen oder die Seele übrig ist. Hinter der Versammlung der Seelen der Vorfahren finde ich mich in einem höheren Rat von Ältesten wieder, und in einer Vision von einer Ordnung hinter der Ordnung. An diesem Punkt entsteht absolute Freiheit aus der Akzeptanz dessen, was ist. Ich kann diese Ordnung grafisch sehen und sehe diese höhere Ordnung in den Verbindungen zwischen den Planeten. Ich kann sehen, was geschieht, wenn eine Seele eine menschliche Inkarnation wählt. Ich sehe, wie die Seele in die menschliche Zelle hineingeht, wie sie sich selbst ausdrückt und wie die Eigenschaften der Eltern diesem Ausdruck einen kennzeichnenden Charakter geben.
>
> Von dort komme ich in einen Zustand, in dem alle Gegensätze zusammenfallen, aber doch ist es nicht so etwas wie homogener Matsch. Ich erkenne das holistische Prinzip der Einheit von Körper und Seele. Ich erkenne, dass es am Ende nur eine Große Seele gibt, aus der ich entstehe und in die ich zurückkehren werde. Die Seele hat ein „Ego“ – sie *ist* das Ego, nicht im psychoanalytischen Sinn, sondern in dem Sinn, dass sie eine unteilbare, unveränderliche Identität hat, die in verschiedenen Körpern inkarniert. Die Inkarnation wird nach den Ordnungsprinzipien gewählt.

Ich bin zu der Einsicht gekommen, dass dieser Rat der Seelen, der aus den Seelen der Vorfahren und geistigen Führern besteht, unser Unterstützungs-, und Leitungsteam für unser ganzes Leben und die jenseitigen Welten darstellt. Die Seelen unserer genetischen Vorfahren können uns mit ihrem Wissen über unsere persönlichen und familiären Vorläufer unterstützen – in der Gesellschaft und den Zeiten, in denen wir leben. Im Rat der Ältesten und Führer werden wir gewahr, dass wir eine Seelenverbindung haben, die viele Lebenszeiten in vielen Welten überspannt, und sie können uns Ratschläge geben, die unseren Lebenszweck, unser Karma und unser Schicksal betreffen.

Im folgenden Bericht erzählt ein Mann, wie der Rat der Ältesten und Vorfahren ihm half, die karmische Negativität seiner Abstammung zu sehen und ihm riet, diese Linie nicht fortzusetzen und keine Kinder zu bekommen.

> Als ich auf die Seite meines Vaters ging, waren meine Großeltern immer meine großen Förderer [...] Aus welchem Grund auch immer waren alle Kinder, die sie hatten, wahrscheinlich wirklich verrückt. So stand ich vor ihnen und teilte ihnen mit, dass ich derjenige sei, der damit Schluss macht, dass ich diese Linie nicht fortsetzen würde. Worauf meine Großmutter und mein Großvater lächelten und mein Vater richtiggehend explodierte. Ich glaube, sie wussten, dass ich schon eine Menge wirklicher Verrücktheiten angestellt hatte. Für mich ist es Wahnsinn, wenn man rausgeht, Leute tötet oder Besitz zerstört, selbst verletzt wird und diese Unfähigkeit, die Vernunft zu bewahren[...] Also war das wirklich gut.
>
> Ich erkannte, dass ich aus einer Linie von Kriegern, Zauberern und Berserkern abstamme, die gekommen waren, um die Menschheit zu stören, Wandel zu verursachen, Ehre, Mut und Beispiele für Opfermut und Hingabe zu entwickeln und die Erde aufzuwühlen bis an ihre Grenzen, um die Menschheit auf ihre Seite zu bringen und diese Art von Expansion und Kontraktion zu haben, aufgrund der die Menschheit entweder in sehr machtvoller Art herauswachsen würde – oder sich selbst völlig zu zerstören und keine Zeit mehr zu verschwenden. Als ich diese Linie entdeckte, habe ich gesehen, dass in meinem Kriegerherz ein Wandel stattfindet. Die Entdeckung dieser Abstammung war erfüllend, weil ich Probleme damit hatte, ein Krieger zu sein. Ich hatte Probleme damit, so viele Menschen getötet zu haben, und ich hatte Probleme damit, selbst so viele Male getötet worden zu sein. Ich war in dieser Nacht wohl bewusster und mir meines Wesens mehr gewahr als in allen anderen Sitzungen während der letzten 25 oder 30 Jahre. Es war ekstatisch.
>
> Ich erkannte, dass ich nichts darüber zu sagen habe, wie die Welt ist, und alles darüber zu sagen habe, wie ich sie interpretiere oder in welchem Rahmen ich sie sehe. Das gibt mir nicht gerade viel Energie, um den

Weg des Pessimismus weiter zu gehen. Es gibt wirklich einen Entwicklungsplan und eine sich entwickelnde Menschheit, und es ist meine Rolle oder meine Bestimmung oder mein Zweck, als Schöpfer meines Lebens und dieses Lebens, in jedem Moment wirklich da zu sein und aufzuhören, mich umzudrehen und wegzugehen, wenn es meinen Urteilen oder meinen Meinungen nicht entspricht oder wenn es nicht so geht, wie ich möchte. Kurz gesagt, ich denke, ich hatte eine Initiation.

Wie wir gesehen haben, erfahren wir sowohl aus den modernen hypnotischen und entheogenen Erkundungen der Bereiche nach dem Tod als auch aus den Berichten der Reinkarnationstherapeuten vom Treffen der Seele mit dem Rat der Führungsgeister (oder geistigen Führer): ein Rat, mit dem wir uns treffen, wenn das Leben endet, um auf die gelernten Lektionen zurückzublicken und sie zu bewerten, und dem wir wieder begegnen, wenn wir die Wahl treffen, uns zu inkarnieren, um auf eine neue menschliche Existenz vorauszublicken.

Natürlich können wir sie auch in meditativen spirituellen Reisen während unseres Lebens treffen, und diese Praxis wird in den spirituellen Traditionen des Ostens und des Westens beschrieben. Dieser Rat, der aus etwa einem Dutzend identifizierbarer Geistwesen besteht, fungiert als eine Art Führungs- und Unterstützungsteam bei den unzähligen Reisen und Herausforderungen unseres Lebens. Vielleicht ist dieser Rat so etwas wie das zeitgenössische Äquivalent des Treffens mit Thoth, Maat, Osiris und den 42 Assessoren oder den „Wissensbewahrenden Gottheiten“ der tibetischen Buddhisten.

Meiner Erfahrung nach strahlt dieser Rat eine Haltung von Anerkennung, Mitgefühl und Objektivität aus – indem er klarstellt, dass *wir* selbst es sind, die Auswahl und Bewertungen treffen. Der Rat der Seelen der Vorfahren und der Führungsgeister steht uns nicht in einer höheren, urteilenden Position gegenüber – wir selber sind als Seelen Mitglied dieses Rats und seiner Überlegungen. Wie das *Bardo Thödol* uns wiederholt ermahnt, sind die „Wissensbewahrenden Gottheiten“ Ausstrahlungen unserer eigenen Gedankenformen – was nicht heißt, dass sie Phantasiekonstruktionen sind, sondern dass sie in uns, in den inneren Dimensionen unseres eigenen multidimensionalen Seins existieren.

Bei einer Rückführung in vergangene Leben, bei der ich von Dr. Winafred Lucas geleitet wurde – einer Psychologin, die vielleicht mehr als sonst irgendjemand dafür getan hat, den modernen Geist für die Realität der spirituellen Dimensionen zu öffnen –, wurde mir gezeigt, wie der *Rat des Lebensrückblicks* innerlich verbunden ist mit dem *Rat der Lebensvorausschau* auf die folgenden Inkarnationen.

> Bei der Rückführung erinnerte ich mich an ein Leben als eine Frau im Frankreich des 16. oder 17. Jahrhunderts, die von einem aristokratischen Offizier verführt, geschwängert und verlassen und dann von ihrer Familie und Gemeinschaft verstoßen wurde und zu einem Leben in Isolation und Armut verdammt war. Unmittelbar nachdem ich die Erlösung des Sterbens wiedererlebt hatte und in den Rat des Lebensrückblicks eingetreten war, wollte ich zuerst keinesfalls als Frau wiedergeboren werden – so dass ich fortan in der patriarchalen Gesellschaft in einer überlegenen Position sein würde. Als jedoch der Rat der Führungsgeister den Prozess der Wahl des nächsten Lebens betrachtete, wurde mir gezeigt, dass ich besser nicht eine rachsüchtige Kompensation darin suchen sollte, ein dominanter Mann zu werden – sondern dass ich stattdessen den Fluch der patriarchalen Konditionierung rückgängig machen sollte, der zu dem Elend meines soeben vergangenen Lebens geführt hatte. So wurde mir geraten, noch einmal als Frau wiedergeboren zu werden, dieses Mal jedoch in eine Familie, in der weibliche und männliche Kinder (und Erwachsene) auf gleiche Weise respektiert und geschätzt wurden.

Im folgenden Kapitel werde ich darstellen, wie das Leben zwischen den Leben (das zweite *Bardo*) mit dem Prozess endet, eine weitere menschliche Inkarnation zu wählen. Mit dieser Wahl der Inkarnation beginnt die Phase der Empfängnis und der gesamten pränatalen Reise, die im Tibetischen Totenbuch das *Bardo der Wiedergeburt* genannt wird.

Empfängnis, Geburt, Tod und die sechs *Bardo*-(Zwischen-)Zustände

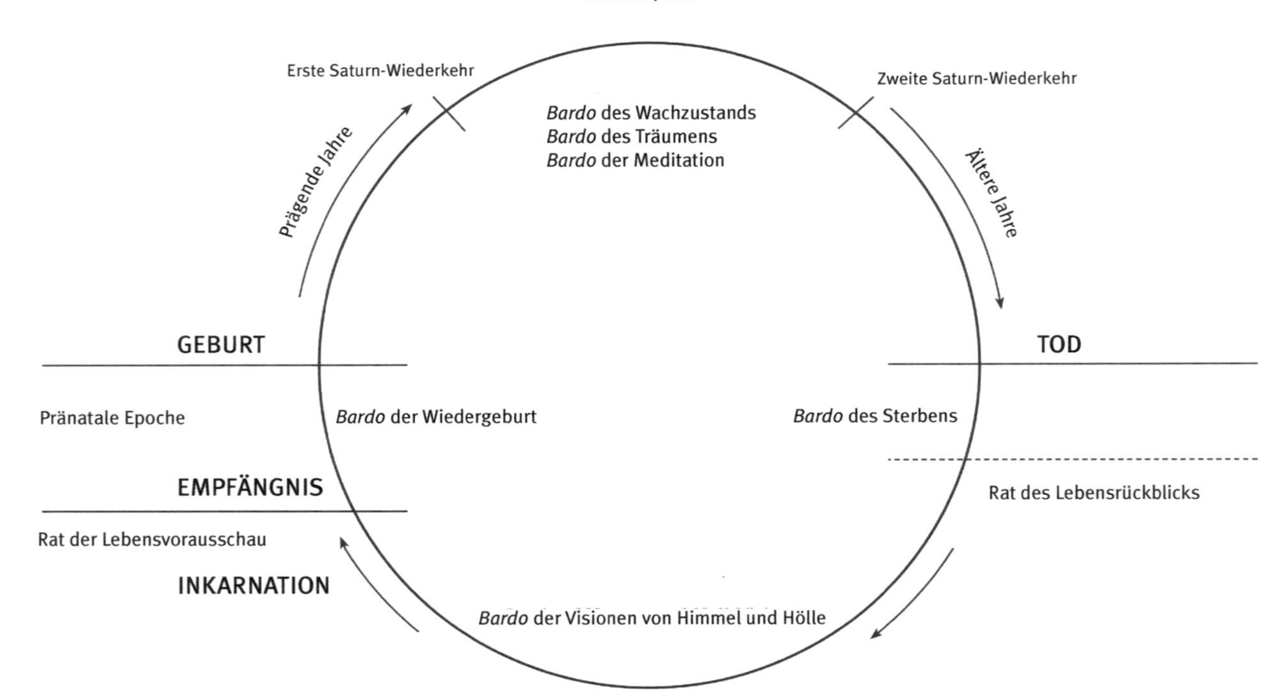

5
Von der Inkarnation zur Empfängnis und Wiedergeburt

Ich bin inzwischen, in Übereinstimmung mit den asiatischen und westlichen esoterischen Lehren über die Wiedergeburt, zur Überzeugung gelangt, dass sich die Seele die Familie und Gemeinschaft, in der sie empfangen und geboren wird, aussucht, unter göttlicher Führung und gemäß karmischen Vorbedingungen. Wie wir gesehen haben, können manchmal Faktoren karmischer Verbindungen oder Verpflichtungen der Seele in die Wahl einer Stammfamilie einfließen. Wie ich im zweiten Kapitel beschrieben habe, kann das Bewusstwerden der aktuellen Seelenverbindung mit den Eltern oder Großeltern (und manchmal mit noch weiter zurückliegenden Vorfahren der Elternlinie) auf ein Individuum sehr heilend und stärkend wirken. Es kann zu einem Gefühl für eine bedingungslos unterstützende Rückenstärkung und zu einem tieferen Verständnis des eigenen Lebenszwecks führen.

Wenn es die Bestimmung einer Seele ist, Musiker/in zu sein, könnte sie eine Familie wählen, in der die Eltern oder Großeltern selbst Musiker sind und dieses besondere Talent fördern. Jemand, der Wissenschaftler werden will, könnte sich eine Familie mit wissenschaftlichen Begabungen oder Neigungen suchen. Einige Seelen entscheiden sich offenbar dafür, in sehr reiche Familien geboren zu werden, vielleicht um zu lernen, wie sie mit Reichtum in Übereinstimmung mit ihrer spirituellen Bestimmung umgehen, ohne verführt und geblendet zu werden. Andere wählen vielleicht, in die Not der Armut geboren zu werden, um zu lernen, mit ihren Umständen zurechtzukommen oder um ideelle Werte zu entwickeln.

Wenn sich Menschen auf die Seelenvereinigung und den Rat der Lebensvorausschau einstimmen, wissen, fühlen sie und spüren sie, in hoher spiritueller Bewusstheit, dass sie die Wahl getroffen haben, hier zu sein, auf der Erde, in diesem besonderen Leben und mit dieser besonderen Bestimmung (oder Bestimmungen).

Das kann eine lebensverändernde Erkenntnis sein, die alle unsere anderen Bestrebungen, Verwirrungen und Frustrationen in eine tiefere Perspektive rückt. Es ist dieser Moment der Wahl und der Freiheit, den das berühmte Zen-Koan meint: *Was war dein ursprüngliches Gesicht, bevor du geboren wurdest?* In anderen Worten: In welche Richtung hast du geschaut, was war deine ursprüngliche Intention?

Koans sind nicht dazu gedacht, beantwortet zu werden – nur gefragt, immer wieder. Diese Art des Fragens öffnet unsere Empfänglichkeit für den Einfluss des Wissens von inneren, spirituellen Quellen. Deshalb können wir das Koan wie folgt übersetzen – und ich empfehle das für die Selbstbefragung der Leserinnen und Leser: *Was war und ist die Vision deiner Seele für dieses Leben, diese Inkarnation?*

Als ich eine frühere Fassung dieses Kapitels Joanna Macy gab – einer buddhistischen Philosophin, Tiefenökologin und Freundin – schrieb sie mir, dass sie beeindruckt war, wie sehr der Abschnitt über die Wahl der Inkarnation einem der von ihr entwickelten Workshop-Methoden glich.

> In *Coming Back to Life* wird sie „Meine Wahl für dieses Leben" genannt. Ich nenne es auch den „Bodhisattva-Check-in" … es entwickelte sich aus einer früheren Übung, die „Das Inkarnations-Komitee" hieß. Es geht darum, die Macht der Imagination zu nutzen und die Entscheidung nachzuspielen, als Mensch im 20. Jahrhundert geboren zu werden, und dann zu den besonderen Bedingungen dieser letzten Geburt zu gehen und zu verstehen, dass sie vielleicht genau richtig sein könnten für die Aufgabe, zu deren Erledigung du gekommen bist. Angesichts des gegenwärtigen Zustands der Welt (…) sind die Ergebnisse oft unglaublich bewegend und bestärkend.

Dieser Ort der Gemeinschaft und des Rats der Seelen, aus dem die Wahl der Wiedergeburt kommt, befindet sich aus der Perspektive der normalen linearen Zeit vor der Empfängnis; wir können ihn daher durch rückläufiges Erinnern erreichen. Aber er ist auch jetzt noch gegenwärtig, bis zum Ende unserer jetzigen Inkarnation, so dass wir ihn durch direkte Divination erreichen können – und dann diese wissende, fühlende, spürende Bewusstheit durch unsere Persönlichkeitsstruktur oder unsere „inneren Körper" hinunter- und in unseren physischen Körper hineinbringen können (in einem *Seeleninfusion* genannten Prozess).

Die sehr erfahrene intuitive Heilerin Caroline Myss nennt die Vereinbarung zwischen den Seelen einen *heiligen Vertrag.* Sie sagt: „Ein Heiliger Vertrag ist eine Abmachung, die deine Seele trifft, bevor du geboren wirst." Sylvia Browne beschreibt den Prozess der Wahl als den Entwurf einer *Karte,* welche die wichtigsten Lebensereignisse und Umstände in einer Art Vorausentwurf enthält.

Es gibt mehrere verschiedene Zuordnungen der wichtigen Typen von Lebenswegen, denen eine Seele folgen kann, wenn sie einmal inkarniert, empfangen und geboren ist. Einige, wie Caroline Myss, setzen die Absichten der Seele in Zusammenhang mit demjenigen der zwölf Tierkreiszeichen, unter dem sie geboren wurde; die esoterische Arica-Lehre benutzt die neun Punkte des antiken Enneagramms, um neun Typen der Orientierungen und Wertvorstellungen der Seele zu beschreiben; mein weiser Freund Angeles Arrien hat ein Paradigma von vier wichtigen „Wegen" beschrieben (Krieger, Lehrer, Heiler, Visionär). In einem nächsten Buch dieser Reihe werde ich sechs wichtige Lebenswege oder Tätigkeitsfelder in der Gesellschaft beschreiben, die eine Seele wählen kann, konzentriert auf eines oder zwei, oder drei davon kombiniert.

In den Divinationen des Rats der Seelen beschäftigen wir uns weniger mit den Details der einzelnen Wege, sondern mehr mit dem Prozess, bei dem eine Person selbst ein inneres Gefühl, ein Wissen oder eine Intuition über ihren Lebenszweck erlangt. Tatsächlich habe ich beobachtet, dass schon die Kommunikation mit dem Rat der Seelen und das Erfahren und Wahrnehmen, dass das eigene Leben hier auf der Erde *tatsächlich* einen tieferen, geistigen Zweck *hat,* auch ohne weitere Details, einen großen Unterschied ausmachen kann. Es gibt der Person einen Maßstab, um zu entscheiden, ob ihre Arbeit, ein Ort, der Beruf oder die Partner, mit denen sie zu tun hat, im Einklang mit dem Lebenszweck stehen – und um sie, wenn sie es nicht sind, zu verlassen, ohne Bedauern oder Beschuldigung.

Durch solche Divinationsarbeit kam ich zum Schluss, dass *Seelen Herausforderungen lieben,* allem Anschein nach – denn sie wählen oft nicht einen einfachen Weg. Das ist besonders dann so, wenn die Seelen an einen Punkt ihrer Entwicklung kommen, an dem sie erkennen, dass das passive Geschehenlassen von karmischen Mustern, die unser Leben und Schicksal bestimmen, kein Weg der Befreiung ist. Die tibetischen Buddhisten betonen, dass es eine *kostbare Gelegenheit* ist, als menschliches Wesen auf der Erde geboren zu werden und wir sie nicht vergeuden sollten. Das ist vielleicht so, weil größere Schwierigkeiten auch größere Lernerfolge bedeuten. Jegliches Lernen umfasst immer auch Herausforderungen, Hindernisse und Schwächen zu überwinden. Wie könnte Wachstum stattfinden, wenn unser Leben nach dem Motto „Der Himmel auf Erden" verlaufen würde?

Die Raum-Zeit-Dimension der Erde ist die einschränkendste und beschwerlichste unter all den Dimensionen, in denen sich unsere Existenz entfaltet. Wir erkennen das immer wieder, wenn wir die Auflösung von Raumzeit und Materialität erfahren und in Träumen oder Visionszuständen die inneren Ebenen besuchen. Die Schwierigkeit rührt aus der Tatsache, dass eine menschliche Inkarnation in der Dimension von Raum, Zeit und Materie grundsätzlich mehr oder weniger abgeschnitten ist von dem Bewusstsein ihres spirituellen Ursprungs und Wesens.

Das ist die Bedeutung der spirituellen Tradition Asiens (sowohl der Hindus als auch der Buddhisten), dass die Ausgangsbedingung für ein menschliches Leben bei der Geburt Un-Bewusstheit oder Nicht-Bewusstheit *(avidya)* ist. Der Sanskrit-Begriff, wörtlich „nicht-wissend" und manchmal missverständlich als „Ignoranz" oder „Täuschung" übersetzt, bezieht sich auf die Nicht-Bewusstheit eines neu geborenen Kindes über seine wahre spirituelle Herkunft als Seele, als Kind göttlicher Abstammung.

Die Seele, alle drei Seelen (Mutter, Vater und Kind), wissen auf dieser Ebene, dass – wenn wir erst einmal in einem irdischen Schoß empfangen und dann in die Zeit-Raum-Welt irdischer Bedingungen/Verhältnisse geboren worden sind – sozusagen alles möglich ist. Jegliches Wissen über unseren Ursprung und unsere Mission kann vergessen werden, sogar die Existenz der Seele kann verleugnet oder in den unbewussten Persönlichkeitsschichten von Mutter, Vater und Kind begraben werden. Das ist die Herausforderung, das Risiko, die Prüfung – und die Lektion.

Sobald bei der Empfängnis der erste Schritt in die biologische Form gemacht ist, erscheinen die Schleier des Vergessens, die Hüllen der Konditionierung, überlagern sich während der gesamten pränatalen Epoche und kulminieren mit hoher Intensität im Trauma der Geburt, besonders wenn diese ohne Rücksicht auf das Bewusstsein und das spirituelle Wesen des Kindes vonstatten geht. Der

Prozess der Konditionierung und des Vergessens setzt sich normalerweise während der Babyzeit, Kindheit und der prägenden Jahre fort, in denen angeborene Neigungen mit konditionierten Reaktionsmustern kombiniert werden.

Seelenerinnerungen nehmen während der Kindheit und Jugend fortschreitend ab. William Wordsworth hat in seinem Gedicht *Intimations of Immortality from Recollections of Early Childhood* wunderbar über den spirituellen Ursprung der Seele geschrieben – und über das fortschreitende, aber nicht vollständige Vergessen der prägenden Jahre:

> *Our birth is but a sleep and a forgetting:*
> *The Soul that rises with us, our life's Star*
> *Hath had elsewhere its setting,*
> *And cometh from afar:*
> *Not in entire forgetfulness,*
> *And not in utter nakedness,*
> *But trailing clouds of glory do we come*
> *From God, who is our home;*
> *Heaven lies about us in our infancy!*

Und doch, in jedem Moment des ganzen Prozesses, dieses ganzen Lebens, taucht die Möglichkeit der Erinnerung an unseren wahren Ursprung und der Wiederverbindung zu unserer Seele und ihrer Absicht wieder auf. Wie ich im zweiten Kapitel gezeigt habe, kann mit bewusster geistiger Zuwendung und Übungen zur Empfängnis und Geburt eine Seelenverbindung erhalten oder wiederhergestellt werden. William Emerson und seine Kollegen erzählen die folgende wunderbare Geschichte:

> Ein vier Jahre altes Mädchen verlangte unablässig danach, mit ihrem neugeborenen Geschwisterchen allein zu sein. Anfangs waren die Eltern besorgt, dass sie ihm aus Eifersucht etwas antun könnte. Dann gingen sie auf die Bitten des Mädchens ein, hörten aber aus dem Nebenzimmer über das Babyphone mit. Nach kurzem Schweigen hörten sie ihre Tochter zu dem Baby sagen: „Erzähl mir vom Himmel. Ich fange an zu vergessen."
>
> Linn, Emerson et al.: *Remembering our Home*, S. 31

In meinen Divinations-Workshops habe ich beobachtet, dass es manchmal unmittelbar zum Erkennen und zur Erinnerung an die Vereinigung zweier Seelen führen kann, wenn man sich an seine frühesten Erfahrungen des bindenden Schauens zwischen dem Neugeborenen und der Mutter erinnert. Auf der anderen Seite erinnern sich manche Menschen, wenn sie nach dieser ersten Erfahrung der Bindung und des Schauens fragen, an Gefühle von Angst, Kälte oder sogar Haß in den Augen ihrer Mutter. Es ist klar, dass sie sich an einen schmerzhaften Moment erinnern, in dem die Seelenverbindung zeitweilig unterbrochen wurde. Die Reste solcher Schmerzen müssten dann als erstes geheilt werden.

Die Passage der Seele von der Wahl der Inkarnation zur Empfängnis und dann zur Geburt kann in Träumen und visionären Kommunikationen zwischen den werdenden Eltern und der Kinderseele auftauchen, in der Zeit der Empfängnis und ihrer Entdeckung. Diese Traumbesuche, die die Ankunft einer Seele ankündigen, sind typischerweise von tiefen Gefühlen friedvoller Freude begleitet und einem Gefühl von erweiterter spiritueller Bewusstheit. Genau so war es bei meiner Frau Cathy und mir, als wir erkannten, dass die sich als unser Kind inkarnierende Seele ihre Ankunft im Mutterleib angekündigt hatte.

Diese erhöhte spirituelle Bewusstheit im Zusammenhang mit dem bewussten Erkennen der Ankunft einer neuen Seele ist das archetypische Thema der Verkündigung. In der Geschichte des Lukas-Evangeliums über die Geburt Jesu besucht Maria, nachdem der Engel Gabriel ihr verkündet hat, dass sie einen „Sohn des Höchsten" zur Welt bringen wird, ihre Cousine Elisabeth, die mit Johannes dem Täufer schwanger ist. Elisabeth sagt, dass sie das Baby „in ihrem Leib hüpfen" fühlt und Maria antwortet: „Meine Seele erhebet den Herrn" *(Magnificat anima mea Dominum).* Das *Magnificat*-Gebet hat den Text für einige der hervorragendsten Werke der religiösen Musik in der liturgischen Tradition des Westens geliefert.

Einige Eltern führen ausgedehnte Konversationen/Verhandlungen mit der Seele ihres Kindes und träumen Visionen seiner Zukunft. Manchmal haben andere Verwandte, wie die Mutter der Mutter, oder die anwesende Hebamme oder Freunde Traumkommunikationen mit dem ungeborenen Kind. Gewöhnlich wird die Seele in diesen Visionen als junges Kind gesehen, manchmal als Erwachsener, aber nie als Embryo, Fötus oder Säugling. Solche visionären Begegnungen mit den Seelen ungeborener Kinder bestätigen, dass auf der Ebene der Seele oder der Essenz die äußeren Unterschiede zwischen Kindern und Erwachsenen ohne Bedeutung sind. Alle Seelen sind gleich in den Augen und im Herzen des Göttlichen.

Wie zahlreiche Geschichten zeigen, die Elizabeth Hallett und Sarah Hinze in ihren Bücher zusammengestellt haben, findet in der Zeit der Empfängnis eine Art Vereinbarungsgespräch statt, an das sich die Eltern in ihren Träumen erinnern können. Manchmal gibt es ein klares Spüren, dass die Seele ihre Eltern wählt, mit dem Einverständnis der Eltern – andere Male gibt es Verhandlungen, Kommunikation und Entgegenkommen. Die Seele kann ihre künftige Erscheinung, ihr Geschlecht und sogar ihren Namen ankündigen. Manchmal fühlt sich eine Mutter noch nicht bereit für ein Baby, aber beharrliche, wiederholte Traumbesuche eines künftigen Kindes erfüllen sie mit dem Gefühl friedvoller, liebender Weite und Staunen.

Doch auch das Ereignis der Empfängnis, der Entdeckung und Verkündigung schließt weitere Wahlmöglichkeiten und Veränderungen nicht aus. Eltern können von einer Kinderseele träumen, die um Aufnahme bittet – und die Eltern können die Empfängnis akzeptieren oder sie verschieben oder für die sich zur Geburt ankündigende Seele „die Tür des Mutterleibs schließen", wie es im Bardo Thödol heißt. Wenn die Empfängnis stattgefunden hat und sich ein Embryo entwickelt, kann das ungeborene Kind sich immer noch für eine Fehlgeburt entscheiden und dies den Eltern in Träumen mitteilen, wie wir gesehen haben. Eine Seele kann aus Mitgefühl für die Mutter eine Fehlgeburt wählen, oder aufgrund der Erkenntnis voraussichtlicher Schwierigkeiten unter den gegebenen Umständen.

Manche Eltern können, besonders durch die neueren Bestrebungen für spirituelle Geburtspraktiken, eine bewusste Seelenverbindung auch während und nach der Geburt aufrechterhalten. Öfter aber kommt es an einem bestimmten Punkt der Schwangerschaft zu einer Trennung der transzendenten Seelen-Bewusstheit und der begrenzteren Bewusstheit des Fötus.

> Eine schwangere Frau berichtete über regelmäßige empathische Gespräche mit dem erwachsen scheinenden Wesen in ihrem Bauch – Gespräche über ihre Gesundheit, Ernährung usw., ganz so, als ob zwei erwachsene Freunde zusammen ein Projekt planten. An einem bestimmten Punkt der

> Schwangerschaft fühlte sich die Frau plötzlich allein und verlassen von ihrem Freund – bis sie die Botschaft erhielt, dass sich die Seele nun darauf konzentrieren müsse, sich enger mit dem wachsenden Fötus zu verbinden, um sich auf die möglicherweise schwierige Passage der Geburt vorzubereiten.
>
> Haller, E.: *Stories of the Unborn Soul*

Die Lehre des tibetischen Buddhismus über den Bardo der Wiedergeburt

Auch wenn das *Bardo Thödol* die pränatale Epoche als solche nicht explizit erwähnt, finden wir in den Lehren über die *bardo*-Zustände nach dem Tod einige sinnvolle Parallelen zu Erkenntnissen, die aus der Arbeit der Rückführungstherapeuten und hoch entwickelter Sensitiver hervorgehen. In dieser Phase, die auch das *Bardo der Suche nach einem neuen Leben* genannt wird, wird der Reisende auf den Zwischenebenen ständig ermahnt, sich zu erinnern, wo er ist, und dass seine Gedanken und Intentionen einen starken Einfluss darauf haben, welche Art von Erfahrungen er oder sie in ihrem neuen Leben machen wird.

Man sagt ihm, dass er sich nicht in seinem normalen Körper befindet, sondern in einem „geistigen Körper" oder „*bardo*-Körper" oder einem „Gefühls-Körper", der nicht getötet werden kann, der aber fähig ist, zu fliegen und Wände zu durchdringen und alle möglichen ungewöhnlichen Fähigkeiten hat. Mit anderen Worten ist er oder sie in Zuständen, die in den esoterischen Tradition als (astrale, emotionale und mental-noetische) Zwischenebenen bezeichnet werden, und steigt Schritt für Schritt zur materiellen Ebene der raumzeitlichen Existenz hinunter.

Die Seele wird an die sechs möglichen *lokas* (Welten) des *samsara (*Existenz) erinnert, in der sie oder er umhertreibt, getragen von den karmischen Tendenzen ihrer früheren Existenz. Hier nähern sich die Lehren des *Bardo Thödol* den Lehren vom *Rad des Samsara* mit seinen sechs möglichen Bewusstseinszuständen oder Bereichen, in denen wir uns wiederfinden können – nach dem Tod und während des Lebens. Francisca Freemantle, eine Schülerin von Trungpa Rinpoche, schreibt in ihrem Buch über das *Tibetische Totenbuch:*

> Viele westliche Buddhisten haben Probleme mit dem Konzept der Wiedergeburt in diesen sechs Welten oder mit der Wiedergeburt überhaupt.

> Niemand kann beweisen, was nach dem Tod kommt. Aber wir können unseren Geist hier und jetzt untersuchen und all die Welten entdecken, die in ihm liegen. Wir können herausfinden, was unser Leben als menschliches Wesen wirklich bedeutet in diesem Moment [...] Trungpa Rinpoche hat immer von diesen sechs Welten als Geisteszustände gesprochen und auch auf die Wichtigkeit verwiesen, sie auf diese Art zu verstehen, solange wir die Möglichkeit dazu in diesem Leben haben.
>
> FREEMANTLE, F.: *Luminous Emptiness,* S. 143–144

Ich werde die sechs Welten und das Rad der Geburt und des Todes genauer in einem der nächsten Bände dieser Serie behandeln und hier nur kurz auf die wichtigsten Grundzüge und Eigenschaften eingehen – und wie wir (als menschliche Wesen) durch unsere unbewussten karmischen Tendenzen in diese Bereiche kommen.

Die *Welt der Hölle* ist durch klaustrophobische Gefühle des Leidens und der gewalttätigen Behandlung gekennzeichnet, verursacht durch Aggression.

Die *Welt der Pretas* – das Reich der „hungrigen Geister" – ist die Welt der frustrierten, süchtigen und ständig unbefriedigten Wesen, symbolisiert durch die aufgeblähten Bäuche und die engen Münder der Geister in dieser Welt.

Die *Welt der Tiere* ist die auf Überlebensinstinkte gerichtete Welt – Nahrung, Sex, Schlaf, Selbsterhaltung und fehlendes Streben nach höheren Werten.

Die *Welt der Asuras,* oft übersetzt als „eifersüchtige Götter" oder „Titanen", ist die Welt des Kampfs, des Wettstreits und der Gewalt, in die wir durch Unzufriedenheit, Neid und Gier kommen.

Die *Welt der Devas oder Götter* ist ein Reich, in dem Freude und ästhetisches Entzücken der Sinne kultiviert werden und das aus buddhistischer Sicht ein Zwischenzustand genießerischer Selbstzufriedenheit ist.

Die *menschliche Welt* wird von Trungpa als „Inbegriff von Beziehungen und Kommunikation" beschrieben, auf der es einen Drang nach Wissen und ein

Streben nach spirituellen Werten gibt. Diese Ebene hat einige der Eigenschaften aller anderen, ist aber weniger fixiert und gebunden als diese.

Im *Bardo Thödol* wird der Reisende ermahnt, sich nicht von diesen Welten anziehen oder einfangen zu lassen; falls es sich jedoch nicht vermeiden läßt, soll er seine Absichten entweder auf die Welt der *Devas* oder der Menschen richten. Die menschliche Welt wird als die beste dieser sechs Welten angesehen, in die man geboren werden kann – denn sie bietet die „kostbare Gelegenheit" der Befreiung und Erleuchtung. Die weiteren Instruktionen im *Bardo der Wiedergeburt* zur Phase der Reise nach dem Tod handeln von Anleitungen, wie man zuerst die ganze Wiedergeburt überhaupt hinausschiebt, um dann die beste Art einer menschlichen Geburt zu wählen.

Die Führung der Seele, die auf ihre Reise zu einer neuen Inkarnation geht, wird in Form von Anleitungen zum „Schließen der Pforte zum Mutterschoß" ausgedrückt. Hier geht es darum, die Wiedergeburt so lange wie möglich hinauszuzögern, so dass man es vermeiden kann, aufgrund seiner unbewussten karmischen Tendenzen *(samskaras)* in eine ungünstige Geburt gedrängt zu werden.

Die erste Methode zum Schließen der Pforte zum Mutterschoß ist, sich zu erinnern, dass man sich *in* diesem *bardo* der Wiedergeburt befindet, und sich auf positive Intentionen zu konzentrieren: „ (…) eine einzige Intention im Sinn zu haben und sich dadurch mit der Kette des guten Karma zu verbinden (…) das ist die Zeit, in der Ernst und reine Liebe erforderlich sind."

Die zweite, dritte, vierte und fünfte Methode zum Schließen der Pforte zum Mutterschoß umfassen verschiedene mögliche Reaktionen auf die Visionen von sich paarenden Männern und Frauen. Der *Bardo*-Reisende wird aufgefordert, sich nicht einzuschalten, auch wenn er oder sie versucht ist, es zu tun. Es ist, als ob die buddhistischen Meister sagen würden: „Eile nicht in eine neue Inkarnation. Ganz am Anfang in bewusster Absicht zu bleiben, führt eher zu einer bewussteren menschlichen Lebenszeit."

Ich vermute, dass *die Vision eines kopulierenden Paares die Vision der eigenen Empfängnis ist.* Dieser existenzielle Entscheidungspunkt, an dem die Seele ein

Paar als Eltern auswählt, kann in Divinationen der pränatalen Rückführung erreicht werden – und wird hier von der anderen Seite erreicht, am Ende der Periode des Nachtods, wenn die Entscheidung zur Wiedergeburt getroffen worden ist.

Das *Bardo Thödol* sagt, dass der Reisende, der sich zum Weiblichen hingezogen und dem Männlichen abgeneigt fühlt, als Mann wiedergeboren wird; bei einer Anziehung durch Männer und der Abneigung gegen Weibliches wird sie als Frau wiedergeboren. Aus der medizinischen Forschung wissen wir heute, dass das Geschlecht des Kindes in der frühesten Phase der embryonalen Entwicklung festgelegt wird und verschiedene Varianten der genitalen Anatomie vorkommen. Und wie Sigmund Freud bekanntermaßen feststellte, ist „Anatomie Schicksal". Einige Wissenschaftler glauben heute, dass die Neigung zur Homosexualität in der embryonalen Entwicklung angelegt sein könnte. Diese wissenschaftlichen Erkenntnisse könnten als übereinstimmend mit der Sichtweise gesehen werden, dass es sich bei Homosexualität sowie dem Geschlecht und seinen Variationen um Entscheidungen der Seele handelt, die für bestimmte Lernbedingungen bei ihrer irdisch-menschlichen Existenz sorgen.

Wenn jemand nach der Anwendung der verschiedenen Methoden, um eine Wiedergeburt zu vermeiden oder hinauszuzögern, durch Meditation mit bewusster Hinwendung zum Licht und zur auserwählten Gottheit, dennoch zu einer Geburt in einen Mutterleib angezogen wird, werden dem Verstorbenen Anweisungen gegeben, wie die „Wahl der Pforte zum Mutterschoß" getroffen werden soll. Zuerst sind da die „vorausschauenden Visionen vom Ort der Wiedergeburt" – es werden die Kontinente in den vier Richtungen beschrieben, wo man geboren werden könnte. „Alle Orte der Geburt wirst du erkennen, einen nach dem anderen. Wähle den entsprechenden." Der Seele wird im *Bardo der Wiedergeburt* geraten, ihre vorausschauenden Fähigkeiten zu nutzen, um in einem Gebiet geboren zu werden, in dem Religion und Ethik verbreitet sind.

Zusammengefasst lauten die Anleitungen des *Bardo Thödol* für die günstigste Art der Wiedergeburt: Zögere die Rückkehr aus den mit Licht und Weisheit gefüllten himmlischen Welten so lange wie möglich hinaus, und wenn die Zeit gekommen ist – was du daran erkennst, dass Bilder von Zeugungsakten zwischen Männern und Frauen auftauchen –, wähle eine Geburtsfamilie, wo die Wahrscheinlichkeit, in Kontakt mit den *Dharma*-Lehren zu kommen, am größten ist. Der Abschluss der Periode zwischen den Leben ist der Beginn des *Bardo der Wiedergeburt:* Die Entscheidung zur Reinkarnation wird getroffen, in einer Mischung aus karmischen Tendenzen und bewusster Wahl, und die Empfängnis findet in einem irdischen, menschlichen Schoß statt. Diese Wiedergeburtsphase endet mit der tatsächlichen physischen Geburt neun Monate später, wenn wir beginnen, uns in den drei *bardos* des Wachlebens, des Traums und der Meditation zu bewegen. Abschließend folgt hier meine Version der Wurzel-Verse zum *Bardo der Wiedergeburt:*

Jetzt, da das Bardo *der Wiedergeburt mir dämmert*
Will ich zielstrebig an einem einzigen Wunsch festhalten:
Unablässig meine Intention mit einer positiven Haltung lenken.
Die Rückkehr zum Erdenleben so lange wie möglich verzögern
Ich will mich konzentrieren auf das reine Licht und die Liebe
Und alle Eifersucht ablegen
In der Meditation über den Guru als Vater-Mutter.

Der Engel Lailah – Hebamme der Seelen

Im dritten Kapitel sind wir Lailah als Führerin in das Nachtodleben begegnet. In der umfangreichen Literatur mystischer jüdischer Lehrgeschichten, die als *Midraschim* bezeichnet werden, gibt es Verweise auf die Aktivitäten eines „Engels der Empfängnis", der auch die „Hebamme der Seelen" genannt wird, welche die hier erwähnten Punkte im Prozess der Reinkarnation beleuchten. Der Talmud-Forscher und Übersetzer Daniel Matt legte mir in einem Brief dar, dass *Lailah* auf Hebräisch „Nacht" bedeutet – und dass dieser Engel an anderen Stellen im *Zohar* als Gabriel identifiziert wird. In den Evangeliumsgeschichten ist Gabriel der Bote der Verkündigung, der Zacharias die Ankunft von Johannes ankündigt und Maria diejenige von Christus.

Einige der Geschichten von Lailah betonen die Abneigung oder den Widerstand der Seele, in das menschliche Leben zurückzukehren, was der Idee von einer Entscheidung zur Inkarnation zu widersprechen scheint. Es entspricht jedoch der Beobachtung, dass es im Zusammenhang mit der Erinnerung an unsere eigentliche Heimat oft zu einer Art göttlichen Heimwehs oder einem Gefühl der Entfremdung kommt.

> Unter den Engeln gibt es einen, der als Hebamme der Seelen dient. Das ist Lailah, der Engel der Empfängnis. Wenn die Zeit für eine Empfängnis gekommen ist, sucht sich Lailah eine bestimmte Seele aus den im Garten von Eden verborgenen Seelen aus und gebietet ihr, in einen Samen einzutreten. Die Seele ist immer abgeneigt, denn sie erinnert sich an die Schmerzen der Geburt und zieht es vor, rein zu bleiben. Aber Lailah zwingt die Seele zu gehorchen, und so entsteht neues Leben.
>
> Während das Kind im Bauch wächst, wacht Lailah über ihm und liest dem ungeborenen Kind die Geschichte seiner Seele vor. Während dieser Zeit leuchtet ein Licht über dem Kopf des Kindes, wodurch es von einem Ende der Welt zum anderen sehen kann. Und Lailah zeigt dem Kind die Belohnungen des Gartens Edens und die Bestrafungen von Gehenna.
>
> SCHWARTZ, H.: *Before You Were Born*, S. 57

Hier sehen wir also das Bild der Seele, die widerstrebend ihre himmlische Heimat verlässt und auf eine irdische Mission gesandt wird. Die Seele wird geleitet von einem Führungsengel, der ihr die Geschichte ihrer früheren Inkarnationen erzählt, ihr ein Vorauswissen liefert und ein Szenario über die möglichen Konsequenzen von guten und bösen Taten. Der Beistand des Engels Lailah geht der Empfängnis (dem Eintreten in einen Samen) voraus und geht während der pränatalen Periode weiter.

In der Fassung dieser außergewöhnlichen Geschichte im *Zohar* wird das Widerstreben der Seele, in eine bestimmte Form einzutreten, nicht erwähnt; doch macht sie deutlich, dass die Seele ursprünglich androgyn ist und erst beim Abstieg in die menschliche Form männlich oder weiblich polarisiert wird.

> Rabbi Abba sagte: Glücklich sind die Gerechten, deren Seelen verborgen sind mit dem Heiligen König, bevor sie in die Welt kommen! Denn wir haben gelernt: Im selben Augenblick, in dem der gesegnete Heilige Eine die Seelen in die Welt bringt, sind alle Geister und Seelen, männliche und

> weibliche, umfassend vereint. Sie werden in die Hände des Sendboten übergeben, der über die menschliche Empfängnis wacht. Wenn sie herabsteigen und ihm anvertraut werden, teilen sie sich – manchmal einer nach dem anderen – und er legt sie in die menschlichen Wesen hinein.
>
> Matt, D.: *The Zohar.* Pritzker Edition, 2003

Beide Varianten der Geschichte erwähnen, dass die Geburt schmerzhaft ist und dieser Schmerz die Ursache dafür ist, dass die Seele ihren Ursprung vergisst. Das stimmt sicher mit den Beobachtungen der Studien über die Wirkungen des Geburtstraumas überein – dass es eine massive Amnesie verursacht.

Ein faszinierendes Detail der Geschichte mit dem Engel Lailah wird nur in der Version erwähnt, über die Schwarz berichtet und von der angenommen wird, dass sie aus der Babylonischen Zeit um das 9. Jahrhundert v. Chr. stammt. Nachdem das Licht über dem Kopf benutzt wurde, um dem Ungeborenen die Belohnungen des Gartens Eden und die Bestrafungen von Gehenna zu zeigen – wie oben zitiert – heißt es:

> Wenn die Zeit gekommen ist, geboren zu werden, löscht der Engel Lailah das Licht und bringt das Kind voran in die Welt, und wenn es hervorgebracht wird, schreit es. Dann berührt Lailah das Neugeborene zart oberhalb der Lippe und lässt es alles vergessen, was es gelernt hat. Dies ist der Ursprung des Zeichens, das jeder trägt. (Schwartz, op cit, S. 58)

Es gibt ein Rätsel in dieser Geschichte. Das Berühren des Philtrums, der Einbuchtung über der Lippe, mit dem Finger ist gemäß der Volkskunde eine Geste, die wir machen, wenn wir uns an etwas erinnern wollen. Ich empfehle den Lesern, das zu überprüfen. Es ergibt mehr Sinn, dass die mitfühlende Geste des Engels Lailah – des Engels, der die Seele in die Welt führt – eher eine Geste ist, die uns hilft, uns an unseren Ursprung zu erinnern, wenn wir in extremis sind, als eine Geste des Vergessens oder des Abschneidens der Verbindung zu höheren Welten. Das heißt, ich schlage vor, dass *das Philtrum ein Punkt der Erinnerung, nicht des Vergessens ist.*

Als ich einer meiner Freundinnen, der Akupunkteurin Susan Fox, von dieser rätselhafte Beobachtung berichtete, wies sie darauf hin, dass der Punkt des

Philtrums, über der Oberlippe und direkt unter der Nase, in der klassischen chinesischen Medizin *Lenkergefäß 26* genannt wird und als der Punkt des Bewusstseins betrachtet wird, den man zur Wiederbelebung stimuliert, wenn jemand ohnmächtig ist.

> Das Lenkergefäß (das sich vom Steißbein über den Rücken zieht, über die Schädeldecke, die Nase und unter der Lippe endet), reguliert alle Yang-Kanäle und die Nase, die himmlisches Chi empfängt, beide entsprechen dem Himmel (Yang). Das Konzeptionsgefäß (das vom Schambein aufsteigt und an der Unterlippe endet), ist der zentrale Yin-Kanal. Deshalb wird von diesem Punkt gesagt, dass er die Verbindung zwischen Himmel (Yang) und Erde (Yin) herstellt, er wird auch „Mitte des Menschen" genannt, weil der Mensch zwischen Himmel und Erde steht.
>
> Deadman, P. & Al-Khafaji, M.: *Manual of Acupuncture,* S. 559

In dieser unerwarteten Bestätigung aus einem vollständig anderen und unabhängigen System der Anatomie feinstofflicher Energien liegt, wie ich denke, einige Unterstützung für die Interpretation, dass uns der Engel Lailah, der Führungsengel der Inkarnation und Empfängnis, mit einer Geste der bewussten Erinnerung ausstattet, die uns an unsere wahre Natur als Seelen erinnert. Man könnte es auf diese Weise praktizieren.

Weil ich die hebräische Sprache nicht beherrsche und nur über ein oberflächliches Verständnis der jüdischen Mystik verfüge, war ich natürlich etwas vorsichtig mit meiner Interpretation der Geschichte über den Engel Lailah. Ich bat meinen alten Freund und Mentor Rabbi Zalman Schachter-Shalomi, der sich schon lange für Bewusstseinsforschung interessiert, um einen Kommentar zu meiner Lesart der Geschichte. Er meinte dazu folgendes (Schachter-Shalomi, persönliche Mitteilung, 2004):

> Das Rätsel der Psyche hat viele Leute beschäftigt. Einige von ihnen haben behauptet, dass wir als *tabula rasa* in unsere Körper kommen, andere haben behauptet, dass wir beim Eintritt in unsere Körper einige Prägungen von früher mitbringen. Als er die Geschichte des Engels Lailah fand, ist Ralph Metzner in die Welt der Literatur der *Midraschim* und

der Kabbala eingetaucht. Seine Lesart unterscheidet sich von der üblichen literarischen Analyse, er ist sich der Realitäten hinter den Worten dieser Geschichte bewusst. Es ist wichtig zu verstehen, dass wir immer unsere ethnischen und kulturellen Bilder in unser Verständnis dieser Mythen einbringen. Wenn wir uns den Berichten von Schamanen und Mystikern zuwenden, wollen wir die Realität hinter ihren Worten begreifen. Und jede Erkenntnistheorie bringt uns verschiedene Beschreibungen. Akademische Erkenntnistheorien neigen dazu, die Dinge als Objekte oder Ideen zu betrachten. Wenn wir uns auf die Ebene begeben, auf der Dr. Metzner diese Forschung unternimmt, beginnen wir, uns von einer nur konzeptuellen zu einer partizipatorischen Erkenntnistheorie zu bewegen. Das erfordert, dass wir in der Vorstellung zu unseren eigenen Ursprüngen zurückgehen. Auf diese Weise kommen wir der Erkenntnis unserer Existenz einen Schritt näher. Genießt die Reise!

Diese Inkarnationsreise der Menschenseele aus dem Himmel oder der Geisterwelt in eine biologische Form bei der Empfängnis, dann die Geburt, das Wachstum und die Entwicklung, begleitet von der hohen Wahrscheinlichkeit eines völligen Vergessens der Seele in den Anhaftungen und Begierden der materiellen Sinneswelt – all das wird in einer poetischen Allegorie ausgedrückt, die *Das Perlenlied* genannt wird und ein Teil der gnostischen Texte ist, die als Thomasakten bekannt sind und aus dem 4. Jahrhundert v. Chr. stammen.

Der ursprüngliche Name des gnostischen Gedichts – *Das Lied der Seele* – macht deutlich, dass wir es hier mit der Geschichte der Inkarnationsreise zu tun haben. Es wird von einem königlichen Paar erzählt, dem „Vater der Wahrheit" und der „Mutter der Weisheit", die ihren Sohn aus dem „Haus der Höchsten" auf eine lange gefahrvolle Reise schicken, um die „Perle" zu finden und zu holen, die von einer grimmigen Schlange bewacht wird. „Und sie schlossen mit mir eine Übereinkunft und schrieben sie mir in mein Herz, auf dass ich sie niemals vergäße."

Der Sohn steht symbolisch für die menschliche Seele, welche aus dem himmlischen Reich der göttlichen Vater-Mutter aufbricht auf die Reise des menschlichen Lebens, mit einer Abmachung und einer Aufgabe. Die Sohn-Seele muss ihre königlichen Gewänder ablegen – das Symbol ihres höheren, ätherischen „Strahlenkleids“ – und die Kleider der Menschen aus „Ägypten“ tragen, symbolisch für die materielle Sinneswelt. Er lernt Leute kennen, vergisst den Drachen und die Perle und dass er der Sohn königlicher Eltern ist, er nimmt das Essen und die Getränke des Volkes zu sich. „Und durch die Schwere ihrer Speisen versank ich in tiefen Schlaf.“ In anderen Worten, er wird eingebunden, abhängig und vergisst seine wahre spirituelle Natur. Dann kommt der Wendepunkt.

Er erhält eine Nachricht von seinen Eltern, einen magischen Brief: „Der Brief flog in Gestalt des Adlers, flog und ließ sich nieder neben mir und wurde ganz Wort. Bei seiner Stimme und dem Klang seines Rauschens erwachte ich und stand auf von meinem Schlaf.“ Der Brief sagt ihm: „Erwache und erhebe dich von deinem Schlaf [...] Erinnere dich, dass du ein Königssohn bist, sieh deine Knechtschaft – wem Du dienst.“ Er erinnert sich dann an seine Mission, den Drachen zu finden und zu beschwichtigen und die Perle zu holen. Er setzt seinen Weg nach Hause fort, die klassische Heimfahrt des mystischen Suchers. „Der Brief hatte mich mit seiner Stimme erweckt und leitete mich jetzt mit seinem Licht.“

Er findet sein „Strahlenkleid“ wieder, „glänzend von Saphirsteinen und herrlichen Farben“, das er in seinem himmlischen Heim zurückgelassen hatte. Das farbige Gewand ist zweifellos eine symbolische Referenz für das Licht-Feuer-Energie-Feld, das ihn mit Einsichten und Selbsterkenntnis versorgt. „Ich sah ferner an seiner ganzen Gestalt die Regungen der *Gnosis* [Erkenntnis] aufzucken [...] Und als ich es anschaute, glich das Gewand mir selbst, gleich einem Spiegelbild. Ich erblickte in ihm meine Ganzheit, und sah mich auch einzeln. So dass wir zwei waren in Geschiedenheit und doch eins in einer einzigen Gestalt.“

Auch ein Gedicht von Rainer Maria Rilke – aus seinem *Stundenbuch* – drückt den Moment der Wahl der Inkarnation und das Gespür für eine Führung durch den göttlichen Geist, die an diesem Punkt gegeben wird – und die wir uns zu jedem Lebenszeitpunkt ins Gedächtnis rufen können, wenn wir empfänglich sind:

Gott spricht zu jedem nur, eh er ihn macht,
dann geht er schweigend mit ihm aus der Nacht.
Aber die Worte, eh jeder beginnt,
diese wolkigen Worte, sind:

Von deinen Sinnen hinausgesandt,
geh bis an deiner Sehnsucht Rand;
gib mir Gewand.

Hinter den Dingen wachse als Brand,
dass ihre Schatten ausgespannt,
immer mich ganz bedecken.

Laß dir alles geschehn: Schönheit und Schrecken.
Man muss nur gehn: Kein Gefühl ist das fernste.
Lass dich von mir nicht trennen. Nah ist das Land,
das sie das Leben nennen.

Du wirst es erkennen
an seinem Ernste.

Gib mir die Hand.

Aus Rainer Maria Rilke: *Das Stunden-Buch* (1905)

Anhang

Über die medialen Eingebungen William Shakespeares

Lassen Sie mich das bemerkenswerteste Beispiel für Eingebungen durch Geister nennen – den unsterblichen Shakespeare. Seine Eltern konnten beide nicht lesen und schreiben. Er wuchs in einem Dorf am Ufer des Avon unter einfältigen Leuten auf. Es gab nichts in der friedlichen, ruhigen Landschaft, die er sah, nichts in den sanften Hügeln oder den wogenden Feldern, nichts in diesem trägen Strom, das seine Vorstellungskraft anregte. Nichts in seinen frühen Jahren zielte darauf ab, den Samen für das raffinierteste und vollendetste Denken zu legen. Es gab nichts in seiner Ausbildung oder mangelnden Ausbildung, was eine Rolle für sein Schaffen spielte. Man nimmt an, dass er in seinem Dorf die Schule besuchte, aber dafür gibt es keinen Beleg. Er ging in jungen Jahren nach London, und nach einigen Jahren interessierte er sich für das Blackfriars Theatre, wo er Schauspieler, Dramaturg und Manager wurde. Bis dahin war er in keinem angesehenen Unternehmen tätig. Sozial nahm er eine Rolle unterhalb der Diener ein. Das Gericht beschrieb ihn als „stämmigen Vagabunden". Er starb mit 52.

Wie ein solcher Mann das Werk, das er schuf, produziert haben soll, bleibt das Wunder aller Zeiten. Die Verstimmung darüber, dass ein Mann mit derart geringen Vorzügen diese Meisterwerke der Literatur geschrieben haben soll, hat unter anderem zu der Behauptung geführt, dass (Francis) Bacon der Autor sämtlicher Shakespeare-Komödien und Tragödien war.

Als Tatsache sollte festgehalten werden, dass in den Stücken dieses Mannes keinerlei Erwähnungen von Zeitgenossen vorkommen. Kein König wird genannt, keine Königin, kein Dichter, Autor, Seefahrer, Staatsmann oder Geistlicher seiner Zeit. Er lebte in Zeiten großer Taten, in Zeiten religiöser Kriege, den Tagen der Armada, des Edikts von Nantes, des Massakers von St. Bartholomäus, des Siegs von Leponto, der Ermordung von Henry III. von Frankreich und der Hinrichtung Maria Stuarts. Doch er erwähnt kein einziges Ereignis aus seiner Lebenszeit.

Das Gehirn, das Timon von Athen erdachte, war ein Grieche in der Zeit des Perikles und vertraut mit den Tragödien jenes Jahrhunderts. Der Geist, der Julius Cäsar erdachte, war ein Bewohner der Ewigen Stadt, als Cäsar seine Legionen in die Schlacht führte. Der Autor des Lear war ein Heide; der Verfasser von Romeo und Julia ein Italiener, der die Verzückungen der Liebe kannte. Der Autor dieser Stücke muss ein Arzt gewesen sein, denn er zeigt Wissen über die Medizin und die Symptome von Krankheiten; ein Musiker, denn in Zwei Herren aus Verona benutzt er alle musikalischen Begriffe, die zu seiner Zeit bekannt waren. Er war ein Rechtsanwalt, denn er war vertraut mit den Formalitäten und Ausdrücken dieses Berufsstands. Er war ein Botaniker, denn er nannte nahezu alle bekannten Pflanzen beim Namen. Er war Astronom und Naturforscher, denn er schrieb intelligent über die Sterne und die Naturwissenschaft. Er war ein Seefahrer, denn sonst hätte er Der Sturm nicht schreiben können. Er war Wilder und trieb sich in den stillen Tiefen der Wälder herum. Er kannte alle Verbrechen, jedes Bedauern, alle Tugenden und ihre Belohnungen. Er kannte unausgesprochene Gedanken, Wünsche und Wege der Tiere. Er lebte alle Leben. Sein Gehirn war ein Meer, dessen Wellen alle Küsten der Erfahrung berührten. Er war das Wunder seiner Zeit und das der unseren.

War es für irgendeinen Mann mit seiner Bildung und Erfahrung möglich, sich alle diese Dinge auszudenken? Alle Werke Shakespeares waren zweifellos das Produkt seiner Feder, aber die Einfälle, die Stücke, die Tragödien waren das Werk vieler Geister und wurde Shakespeare von Geistern eingegeben. Er war das sensitive Werkzeug einer Gruppe erfahrener und ausgezeichneter Gelehrter, die zu ihrer Lebenszeit in vielen Ländern lebten und der Nachwelt die grandiosen Meisterwerke des Barden von Avon übergaben.

Aus: N. Riley Heagerty, *The French Revelation*, S. 260–261

Referenzen und ausgewählte Bibliografie

Vorwort

Grof, Stanislav, und Grof, Christina: *Holotropic Breathwork – A New Approach to Self-Exploration and Therapy.* Albany, NY: SUNY Press. 2010. Mit zahlreichen Farbabbildungen. Erläuterung der Bewusstseinserforschung mittels Atemarbeit durch die Gründerpioniere dieser Methode.

Leskowitz, Eric (editor): *Transpersonal Hypnosis – Gateway to Body, Mind and Spirit.* Boca Raton, FL: CRC Press, 2000. Eine Zusammenstellung von Essays, die Hypnosemethoden für den Zugang zu spirituellen/transpersonalen Dimensionen des Bewusstseins beschreiben.

Lucas, Winafred (editor): *Regression Therapy: Handbook for Professionals.* 2 vols. Crest Park, CA: Deep Forest Press, 1993. Eine Sammlung von Essays über die Rückführungstherapie mittels Hypnose und ihre vielfältigen Anwendungen, einschließlich Kindheit, Therapie des vorgeburtlichen und nachtodlichen Lebens, verfasst von einer klugen und sehr erfahrenen Psychologin.

Metzner, Ralph: *Mind Space and Time Stream – Navigating Your States of Consciousness for Healing and Guidance.* Berkeley, CA: Regent Press, 2009. Deutsche Ausgabe: **Metzner, Ralph:** *Raum des Geistes – Strom der Zeit. Wie man seine Bewusstseinszustände verstehen und navigieren kann.* Solothurn: Nachtschatten Verlag, 2012.

Geburt und pränatale Periode – Kapitel 1 und 2

APPPAH (Association for Pre- and Perinatal Psychology and Health). Die APPAH gibt eine quartalsweise erscheinende Zeitschrift heraus sowie einen Katalog mit 100 Büchern und Videos zur Psychologie von Babys im Mutterleib und Neugeborenen, Schwangerschaft, Geburt und Kindheit. *www.birthpsychology.com*

Castellino, Raymond: *The Polarity Therapy Paradigm Regarding Pre-Conception, Prenatal and Birth Imprinting.* 1995, 60 pp. Erläutert Castellinos brillante und einfühlsame Arbeit mit Neugeborenen und zur vorgeburtlichen Existenz. *www.castellinotraining.com*

Chamberlain, David: *The Mind of Your Newborn Baby.* Berkeley: North Atlantic Books, 1988/1998. Eine luzide Übersicht über die Forschung mittels Hypnotherapie, welche zeigt, dass Neugeborene und Ungeborene bewusste menschliche Wesen sind, die wahrnehmen, fühlen, verstehen und über ihre Umgebung und die Welt auf komplexe Art und Weise kommunizieren können.

Chamberlain, David: *Communicating with the Mind of a Prenate: Guidelines for Parents and Birth Professionals.* Journal of Prenatal and Perinatal Psychology and Health, 18(2), p. 95–108, 2003.

Dass, Ram and Metzner, Ralph with Bravo, Gary: *Birth of a Psychedelic Culture.* Santa Fe, NM: Synergetic Press, 2010. Eine Denkschrift in Gesprächsform zu den Harvard-Studien mit Psychedelika und den Gemeinschaftsexperimenten in Millbrook in den frühen 1960ern.

De Mause, Lloyd; *The Foundations of Psychohistory.* New York: Creative Roots, Inc.: 1982.Der Gründer der Psychohistorie-Bewegung erklärt seine Methodologie und die grundlegenden Erkenntnisse über die Ursprünge der Gewalt im Geburtstrauma und Kindesmissbrauch.

DeMause, Lloyd (editor): *Journal of Psychohistory.* www.psychohistory.com

Emerson, William: *Emerson Training Seminars.* www.emersonbirthrx.com Information über die Lehrtätigkeit dieses Pioniers der prä- und perinatalen Theapie, der Rückführungen mit Erwachsenen leitet, aber auch mit Neugeborenenen und Kleinkindern, um die Auswirkungen einer traumatischen Geburt zu heilen.

English, Jane: *Different Doorway – Adventures of a Caesarean Born.* Pt. Reyes, CA: Earth Heart, 1985. Fazinierende Darstellung der inneren Welt des durch Kaiserschnitt geborenen Kindes – und wie diese ganz andere Geburtserfahrung das Leben als Erwachsener formt.

Grof, Stanislav: *Realms of the Human Unconscious.* New York: E.P. Dutton, 1976. Deutsche Ausgabe: Grof, Stanislav: *Topographie des Unbewussten.* Stuttgart: Klett-Cotta / J. G. Cotta'sche Buchhandlung Nachfolger; 9. Auflage. (2007). Ein früher Bericht über Grofs bahnbrechende therapeutische und theoretische Arbeit.

Grof, Stanislav: *The Psychology of the Future: Lessons from Modern Consciousness Research.* Albany, NY: State University of New York (SUNY) Press., 2000.

Hallett, Elizabeth: *Stories of the Unborn Soul: The Mystery and Delight of Pre- Birth Communication.* San José, CA: Writer's Club Press, 2002. Eine aussergewöhnliche Zusammenstellung von Berichten über Erfahrungen vor der Geburt, erzählt von überraschten Eltern, die spontan Kommunikationen mit den ungeborenen Seelen ihrer Kinder erlebten, in Träumen und in Visionen im Wachzustand.

Hellinger, Bert: *Love's Hidden Symmetry – What Makes Love Work in Relationships.* Phoenix, AZ: Zeig, Tucker & Co., 1998. Darstellung der innovativen und tiefgreifenden Arbeit Hellingers mit Familienaufstellungen.

Hellinger, Bert: *On Life and Other Paradoxes – Aphorisms and Little Stories.* Translated and with an Introduction by Ralph Metzner. Phoenix, AZ: Zeig, Tucker & Co., 2002. Wertvolle Einsichten vom Meister der heilenden Arbeit mit Familiensystemen. Enthält auch Beispiele für die Ermächtigungs-Statements, die er vorschlägt, um dysfunktionale Beziehungen in Familien durch Stellvertreter zu heilen.

Hinze, Sarah: *Coming from the Light.* New York: Pocket Books, 1994.

Janus, Ludwig: *The Enduring Effects of Prenatal Experience: Echoes from the Womb. Northvale,* NJ: Aronson. 1997. Mehr erstaunliche wahre Geschichten über Träume und Kommunikationen im Wachzustand zwischen Seelen vor und bei der Geburt.

Johnson, Jessica & Odent, Michel: *We Are All Water Babies.* Berkeley, CA: Celestial Arts, 1995. Ein Buch mit aufsehenderregend schönen Fotos von Wassergeburten und ekstatischen Babys, die freudig mit ihren Eltern und mit Delphinen im Wasser schwimmen,

Leboyer, Frederic: *Birth Without Violence.* New York: Knopf, 1975. Der erste publizierte Bericht des wegweisenden französischen Geburtshelfers über seinen revolutionären Zugang zu natürlichem Gebären ohne Trauma.

Linn, Sheila F. / Emerson, William / Linn, Dennis / Linn, Matthew: *Remembering Our Home – Healing Hurts & Receiving Gifts From Conception to Birth.* Mahwah, NJ: Paulist Press, 1999. Eine Darstellung der Arbeit von Emerson im Bereich der Vorgeburts- und Geburtstraumata, symbolisch verbunden mit der archetypischen Erzählung von der Empfängnis und Geburt Jesu.

McGoldrick, Monica / Gerson, Randy / Shellenberger, Sylvia: Genograms – Assessment and Intervention. New York: W.W. Norton & Co., 1999. Leitfaden zu den Methoden des Gebrauchs von Genogrammen in der systemischen Familientherapie.

Metzner, Ralph (editor): *Wetland Apes: The Missing Link? A Fresh Look at Aquatic Ape Theory.* Spezialausgabe von *ReVision – Journey of Consciousness and Transformation.* Vol 15, No. 2, Fall 1995. Mit Essays von Elaine Morgan, Michel Odent, Derek Ellis, Derek Denton, Michael Crawford, Marc Verhaegen and Roger Wescott.

Metzner, Ralph: *The Roots of War and Domination.* Berkeley, CA: Regent Press, 2008 (deutsche Ausgabe: *Die Wurzeln von Krieg und Herrschaft,* Solothurn: Nachtschatten Verlag, 2009) In diesem Buch erläutere ich detailliert, was ich als den Fluch des Jahwe bezeichne, und beziehe mich auf die Schriften des Sumerologen Zacharia Sitkin, der argumentiert, dass die Bibel und andere traditionelle Schöpfungsmythen die Geschichte unserer Interaktion mit langlebigen ausserirdischen Gottheiten widerspiegeln (im Sumerischen *Annunaki* und im Hebräischen *Nefilim* genannt) vom Planeten Nibiru, welche die Erde kolonisierten und unsere hominiden Vorfahren als Hybride züchteten. Die beiden Führer der Annunaki waren zuerst Enki, ein gütiger Schöpfer-Handwerker, der dem Wasser zugeordnet war, und später sein Bruder Enlil, ein strenger Gesetzgeber, der eine Sklavenkolonie in Eden betrieb, bis er dann die hybriden Menschen wegen Ungehorsams verstieß und sie zwang, in einer Wüstenumgebung zu leben, an die sie kaum angepasst waren.

Morgan, Elaine: *The Scars of Evolution.* London: Souvenir Press, 1994. Elaine Morgan ist eine unabhängige Gelehrte und Forscherin und eine der Hauptvertreterinnen dessen, was als Wasseraffen-Hypothese der menschlichen Evolution bekannt ist.

Murray, Henry A.: *Endeavors in Psychology – Selections from the Personology of Henry A. Murray.* New York: HarperCollins, 1981.

Odent, Michel: *Birth Reborn.* New York: Pantheon Books, 1984.

Orr, Leonard & Ray, Sondra: *Rebirthing in the New Age.* Berkeley, CA: Celestial Arts, 1983.

Rank, Otto: *Das Trauma der Geburt und seine Bedeutung für die Psychoanalyse (1924).* Neuausgabe: Giessen: Psychosozial-Verlag, 2., unveränd. Nachdr. 2007.

Rank, Otto: *Der Mythos von der Geburt des Helden: Versuch einer psychologischen Mythendeutung,* Nachdruck der 2. Auflage von 1922. Wien: Turia und Kant, 2000, 2. Aufl. 2009

Reich, Wilhelm: *Charakteranalyse* (1933). Erweiterte Fassung. Köln: Kiepenheuer & Witsch, 1970. Klassische Darstellung des Charakterbildungsprozesses durch Muskelpanzerung von einem der begabtesten Schüler Freuds. „Der Muskelpanzer ist von der Funktion her gleichwertig mit der charakterlichen Abwehr", war seine zusammenfassende Feststellung.

Verny, Thomas, with John Kelly: *The Secret Life of the Unborn Child.* New York: Dell Publishing, 1981/1986. Überblick über zwei Jahrzehnte der Forschung über das bewusste Leben und die Erfahrung neugeborener Kinder.

Filme

Vladimirova, Elena: *Birth as We Know It.* Das Werk der russischen Wassergeburts-Gemeinschaft wurde erstmals vorgestellt in einem halbstündigen Film namens *Birth into Being.* Dies ist ein 80minütiger Film von der gleichen Gruppe mit der spirituellen Hebamme Tatyana Sargunas und neun anderen Frauen, die in Wassertanks und am Schwarzen Meer mit Delfinen gebären. Mit zwei Stunden Extra-Filmmaterial ist es einer der inspirierendsten Filme, die ich je gesehen habe, die Vision eines Lebens in Harmonie mit Natur und Geist.
www.birthintobeing.com

Takikawa, Debby: *What Babies Want.* Enthält Interviews mit Joseph Chilton Pearce, David Chamberlain, Barbara Findeisen, Ray Castellino und anderen. Dieser Film ist eine Erkundung des Bewusstseins von Kleinkindern.
www.whatbabieswant.com

Death and the After-Life – Kapitel 3 und 4

Botkin, Allan: *Induced After Death Communication.* Charlottesville, VA: Hampton Roads, 2005. Ein amerikanischer Psychologe, der mit traumatisierten Soldaten arbeitete, stieß unerwarteterweise auf die Kommunikation mit verstorbenen Seelen, als er die EDMR *(Eye-movement Desensitization Technique)* anwandte.

Evans-Wentz, W.Y. (ed.): *The Tibetan Book of the Dead.* Oxford University Press, 1960 (first published 1927). Die klassische Übersetzung, die Leary, Alpert und ich in unserer psychedelischen Adaptation benutzten.

Fechner, Gustav Theodor: *Das Büchlein vom Leben nach dem Tode,* erstmals erschienen 1836 in Deutschland unter dem Pseudonym *Dr. Mises, dann als Nr. 187 der Insel-Bücherei* mit einem Geleitwort von Wilhelm Wundt, einem der Gründerväter der experimentellen Psychologie. Eine neue Ausgabe des Büchleins, zusammen mit *Vergleichende Anatomie der Engel,* wurde 1980 von L'Age d'Homme – Karolinger, Wien, herausgegeben. – Englische Übersetzung: *The Little Book of Life After Death,* in: *Journal of Pastoral Counseling,* Annual, Vol. XXVII, 1992.

Fremantle, Francesca: *Luminous Emptiness – Understanding the Tibetan Book of the Dead.* Boston & London: Shambhala, 2003. Eine luzide Analyse der Mythologie und Ikonografie des Bardo Thödol, von einem Schüler des verstorbenen Chögyam Trungpa.

Grant, Joan: *Winged Pharaoh* (1937). Columbus, OH: Ariel Press edition, 1985. Dies ist eine von sechs historischen Erzählungen, die Joan Grant als Autobiographien aus ihren früheren Leben betrachtete, abgerufen durch „Fernerinnerung". Zusammen mit ihrem Ehemann Denys Kelsey, einem Psychiater und Reinkarnationstherapeuten, verfasste sie auch *Many Lifetimes,* eine faszinierende Schilderung ihrer gemeinsamen Arbeit.

Grob, C.S.: *The use of psilocybin in patients with advanced cancer and existential anxiety.*In: Winkelman, M., and Roberts, T. (Eds.) *Psychedelic Medicine: New Evidence for Hallucinogens as Treatments.* Westport, CT, Praeger/Greenwood, vol. 1, p. 205–216, 2007.

Grob, C.S., Danforth, A.L, Chopra, G.S, Hagerty, M.C, McKay, C.R, Halberstadt, A.L. and Greer, G.R. *A pilot study of psilocybin treatment for anxiety in patients with advanced-stage cancer.* Archives of General Psychiatry, Online, September 6, 2010.

Grof, Stanislav & Halifax, Joan. The Human Encounter with Death. New York: E.P. Dutton, 1977.

Heagerty, N. Riley (ed.) *The French Revelation – The Extaordinary Eyewitness Account of the Psychic Wonder of Rochester – Emily French.* Kearney, NE: Morris Publishing, 1995.

Huxley, Aldous. Island. London/NewYork: Harper, 1962.

Huxley, Laura. *This Timeless Moment – A Personal View of Aldous Huxley.* Corte Madera, CA: Celestial Arts, 1968.

Kelsey, Denys & Grant, Joan: *Many Lifetimes.* Garden City, NJ: Doubleday, 1967.

Lamy, Lucie: *Egyptian Mysteries.* New York: Crossroad. 1981. Eine reich illustrierte Einführung in die ägyptischen Nachtod-Lehren, verfasst von einer Schülerin des berühmten Ägyptologen R. A. Schwaller de Lubicz.

Leary. Timothy, Metzner, Ralph & Alpert, Richard: *The Psychedelic Experience – A Manual Based on the Tibetan Book of the Dead.* New Hyde Park, N,Y,: University Books, 1964.

Leland, Kurt: *The Unanswered Question – Death, Near-Death and the Afterlife.* Charlottesville, VA: Hampton Roads, 2002.

Levine, Stephen: *Who Dies? An Investigation of Conscious Living and Conscious Dying.* Garden City, NJ: Doubleday Anchor Books, 1982. Stephen Levines Bücher über Sterbebegleitung und -vorbereitung sind wundervoll einfühlsame und mitfühlende Meditationen. Dieses Buch habe ich mehrmals wiedergelesen.

Metzner, Ralph: *The Well of Remembrance – Remembering the Earth-Wisdom Myths of Northern Europe.* Boston & London: Shambhala, 1994. – Deutsche Ausgabe: *Der Brunnen der Erinnerung: Die mythologischen und schamanischen Wurzeln unserer Kultur.* Uhlstädt-Kirchhasel: Arun Verlag, 2012

Metzner, Ralph: Green Psychology. Rochester, VT: Park Street Press, 1999. Deutsche Ausgabe: Das Mystische Grün. Uhlstädt-Kirchhasel: Arun Verlag, 2000.) Siehe vor allem Kapitel 9: *The Black Goddess, the Green God and the Wild Human,* mit den Erläuterungen zu Isis und Osiris.

Metzner, Ralph: *The Unfolding Self – Varieties of Transformative Experience.* Novato, CA; Origin Press, 1998. Siehe vor allem Kapitel 7 – *On Dying and Being Reborn.*

Metzner, Ralph: *Hommage to the Visionary Toad.* In: Krassner, Paul (ed.): *Magic Mushrooms and Other Highs.* 2003. *www.paulkrassner.com*

Moody, Raymond: *ReUnions – Visionary Encounters with Departed Loved Ones.* New York: Willard Books, 1993. – Deutsche Ausgabe: *Blick hinter den Spiegel. Botschaften aus der anderen Welt.* München: Goldmann Verlag, 1996

Newton, Michael: *Journey of Souls – Case Studies of Life Between Lives.* St. Paul, MN: Llewellyn Publications, 1994.

Newton, Michael: *Destiny of Souls – New Case Studies of Life Between Lives.* St. Paul, MN: Llewellyn Publications, 2000.

Ring, Kenneth: *The Omega Project – Near-Death Experiences, UFO Encounters, and Mind At Large.* New York: Quill William Morrow, 1992.

Ring, Kenneth: *Lessons from the Light.* Portsmouth, NH: Moment Point Press, 1998. Ken Rings letzte und tiefgründigste Sammlung von Nahtoderfahrungen.

Thurman, Robert: *The Tibetan Book of the Dead.* New York: Bantam Books, 1994. Eine neuere Übersetzung dieses antiken Textes. Obwohl ich kein Gelehrter der tibetischen Sprache bin, finde ich die Evans-Wentz-Übersetzung aussagekräftiger. Gemäß Robert Thurman sollte der Titel des Werks genauer *The Great Book of Natural Liberation Through Understanding in the Between* heißen. „Between" ist Thurmans Übersetzung des Begriffs *bardo,* den Evans-Wentz als „Zwischenstadium" übersetzte.

Wasson, R. Gordon, Hofmann, Albert & Ruck, Carl A.P.: *The Road to Eleusis – Unveiling the Secret of the Mysteries.* Berkeley, CA: North Atlantic Books. 1978/2008.

Websites
The Vaults of Erowid – Eine hervorragende Informationsquelle zu allen Aspekten psychedelischer und psychoaktiven Pflanzen und Drogen.
www. erowid.org

Chapter Five – From Incarnation to Conception and Rebirth

Arrien, Angeles: *The Four-Fold Way – Walking the Paths of the Warrior, Teacher, Healer and Visionary.* San Francisco: Harper, 1993.

Rilke, Rainer Maria: Das Stunden-Buch (1905). Frankfurt a.M.: Insel Verlag. 2008. – Englische Ausgabe: **Barrows, Anita & Macy, Joanna (transl.):** *Rilke's Book of Hours – Love Poems to God.* NY: Riverhead Books (G.P.Putnam's), 1996

Browne, Sylvia: *Life on the Other Side – A Psychic's Tour of the After-Life.* NY: New American Library, 2000.

Deadman, Peter & Al-Khafaji, Mazin: *A Manual of Acupuncture.* Hove, East Sussex, UK: Journal of Chinese Medicine Publications, 1998. Gemäß den Autoren dieser Abhandlung bringt es das Bewusstein zurück und beruhigt den Geist, den Punkt DU-26 zu stimulieren. Unter seinen Indikationen sind „plötzliche Bewusstlosigkeit, Koma, akute und chronische Angst in der Kindheit […] Manie/Depression, Epilepsie (und) auszehrende Krankheiten." Die Autoren sagen, „ […] wenn die harmonische Interaktion von Yin und Yang verlorengeht und sie beginnen, sich zu trennen, entsteht ein Bewusstseinsverlust (wobei der Tod die äusserste Manifestation dieser Trennung darstellt). […] Renzhong DU-26 wurde für Wiederbelebung angegeben, und er ist der wichtigste einzelne Akupunkturpunkt, um das Bewusstsein wiederzubeleben und die Yin-Yang-Harmonie wieder herzustellen.

Hymn of the Pearl. Also called *Hymn of the Soul. From the Gnostic Acts of Thomas.* In: Barnstone, Willis (ed).: *The Other Bible – Ancient Esoteric Texts from the Pseudepigrapha, the Dead Sea Scrools, the early Kabbalah, the Nag Hammadi Library and other sources.* San Francisco: Harper & Row, 1984 (p. 308–313). Deutsche Ausgabe: *Perlenlied und Thomas-Evangelium. Texte der frühchristlichen Gnosis.* Zürich: Benziger, 1993.

Macy, Joanna & Brown, Molly: *Coming Back to Life – Practices to Reconnect Our Lives, Our World.* Gabriola Island, BC: New Society Publishers, 1998. „Der *Bodhisattva-Check-in* ist inspiriert durch die buddhistische Lehre vom Bodhisattva. Der Bodhisattva verkörpert unsere Motivation zu dienen und sucht nicht nach Erleuchtung, um aus dieser Welt des Jammers zu fliehen, sondern kehrt zurück (…), da er gelobt hat, immer wieder zurückzukehren, um allen Wesen zu helfen (…) Der Archetyp des Bodhisattva ist in allen Religionen präsent und sogar in sozialen Bewegungen, sei es in der Verkleidung des leidenden Dieners, des Arbeiterpriesters, des Schamanen, Propheten, idealistischen Revolutionärs oder Organisators einer Gemeinschaft." (S. 130)

Matt, Daniel C. (transl . & commentary): *The Zohar: Pritzker Edition.* Palo Alto, CA: Stanford University Press, 2003. (2 volumes).

Myss, Caroline: *Sacred Contracts: Awakening Your Divine Potential.* Three Rivers Press, 2003.

Schwartz, Howard: *Gabriel's Palace – Jewish Mystical Tales.* NY: Oxford University Press, 1993.

Schwartz, Howard: *Before You Were Born.* (Illustr. Kristina Swarner). Brookfield, CT.: Roaring Brook Press, 2005.

Auf Deutsch erschienene Bücher von Ralph Metzner

Raum des Geistes – Strom der Zeit (2012)

Alchemistische Divination (2010)

Die Erweiterung des Bewusstseins (2008)

Die Wurzeln von Krieg und Herrschaft (2008)

Das Mystische Grün. Die Wiedervereinigung des Heiligen mit dem Natürlichen (2000)

Der Brunnen der Erinnerung (1994/2012)

Hineingehen. Wegmarken für Transformation (1987)

Psychedelische Erfahrungen. Ein Handbuch nach Weisungen des Tibetanischen Totenbuches (1971; mit Timothy Leary und Richard Alpert)

Auf Englisch erschienene Bücher von Ralph Metzner

The Life Cycle of the Human Soul (2012)

Birth of a Psychedelic Culture: Conversations about Leary, the Harvard Experiments, Millbrook and the Sixties (2010)

Mind Space Time Stream (2009)

Alchemical Divination (2009)

The Roots of War and Domination (2008)

The Expansion of Consciousness (2008)

Sacred Vine of Spirits – Ayahuasca (ed. 2006)

Sacred Mushroom of Visions – Teonanácatl (ed. 2005)

Green Psychology (1999)

The Unfolding Self (1998)

The Well of Remembrance (1994)

Through the Gateway of the Heart (ed. 1985)

Know your Type (1979)

Maps of Consciousness (1971)

The Ecstatic Adventure (ed. 1968)

The Psychedelic Experience (1964; mit Timothy Leary und Richard Alpert)

Der Autor

Ralph Metzner

Ralph Metzner promovierte in den sechziger Jahren in Oxford und Harvard zum Doktor der Philosophie und der klinischen Psychologie. Metzner ist ein Urgestein der psychedelischen Forschung: Zusammen mit Timothy Leary und Richard Alpert war er 1962 an einer Studie im Rahmen eines Psilocybin-Forschungsprojekts an der Harvard Universität beteiligt. Während den siebziger Jahren widmete er sich zehn Jahre lang intensiv dem Agni Yoga, einem Meditations-System, bei dem das Prinzip von Feuer und Licht in geistige Energie verwandelt wird. Er schrieb in den letzten dreißig Jahren zahlreiche Bücher und Publikationen zur psychedelischen Bewusstseinsforschung. Heute leitet er als Professor am *Institute of Integral Studies* in Kalifornien Lernkurse für veränderte Bewusstseinszustände; daneben führt er eine psychotherapeutische Praxis. Ralph Metzner gilt heute international als einer der besten Kenner der ganzheitlichen Psychologie.

Aus der Buchreihe: **Ökologie des Bewusstseins**

von Ralph Metzner
Herausgegeben von der Green Earth Foundation

1. **Die Erweiterung des Bewusstseins**
   - Albert Hofmann, LSD und die Suche nach dem alchemistischen Stein der Weisen
   - Erweiterungen des kollektiven Bewusstseins seit dem Ende des Zweiten Weltkrieges
2. **Die Wurzeln von Krieg und Herrschaft**
   - Psychologische und evolutionäre Wurzeln von Dominanz und Krieg
   - Religiöse Mythen und okkulte Legenden zum Ursprung des Kriegs
3. **Alchemistische Divination**
   - Heilung und Führung durch den Zugang zu deiner spirituellen Intelligenz
4. **Raum des Geistes - Strom der Zeit**
   - Wie man seine Bewusstseinszustände verstehen und navigieren kann
5. **Der Lebenszyklus der Menschenseele**
   - Inkarnation - Empfängnis - Geburt - Tod - Nachtod - Reinkarnation
6. **Die sechs Lebenswege**
7. **Welten des Inneren und Welten des Größeren**
   - Hierarchie und Holarchie in Systemen der sozialen und natürlichen Ordnung
   - Bewusstseinserweiterungen in einem lebenssystemischen Universum
   - Entwicklung der Weltbilder - geozentrische, heliozentrische und galaktozentrische

Green Earth Foundation

Harmonisierung der Menschheit mit Erde und Geist

Die Stiftung Green Earth Foundation ist eine gemeinnützige Organisation für Aufklärung und Forschung, die sich der Heilung und der Harmonisierung der Beziehungen der Menschheit zur Erde widmet, einschliesslich der Erkenntnis der energetischen und spirituellen Vernetzung aller Formen des Lebens in allen Welten. Unsere strategischen Ziele dienen der Änderung unserer Einstellungen, Werte, Wahrnehmungen und Weltanschauungen und gründen auf ökologischem Gleichgewicht und der Achtung für die Unversehrtheit allen Lebens.

Der Bereich unserer Forschungsinteressen umfasst Bewusstseins-Studien, Schamanismus und Erd-Mythologie, grüne und Öko-Psychologie. Die Green Earth Foundation fördert auch das Metzner Alchemical Divination®-Trainingsprogramm.

Die Green Earth Foundation produziert und ist Mitherausgeberin einer neuen Serie von Büchern von Dr. phil. Ralph Metzner, die unter dem Namen *Die Ökologie des Bewusstseins* erscheinen. Die Stiftung unterstützt finanziell die Herausgabe der deutschen Übersetzung im Nachtschatten Verlag.

Green Earth Foundation
P.O. Box 327 • El Verano • CA 95433
www.greenearthfound.org

Alchemistische Divination

Alchemie ist die alte Kunst und Wissenschaft der elementaren Transformation. Der Schwerpunkt der Alchemisten lag im Heilen und in dem, was wir heutzutage Psychotherapie nennen. Dazu gehörte ebenso die Erweiterung des spirituellen Bewusstseins und Verständnisses. Alchemie beinhaltet wie Schamanismus und Yoga, mit denen sie verwandt ist, die Lehre und Praxis physikalischer, psychischer und spiritueller Transformation, die in der Bildsprache der materiellen Transformation ausgedrückt werden.

Divination ist die Praxis der Suche nach Heilung – der Einsicht und der Anleitung von inneren Quellen, die gewöhnlich als «spirituelle Welt», «göttliche Welt» oder als Intuition des «Höheren Selbst» bezeichnet werden. Wir sind bestens vertraut mit divinatorischen Hilfsmitteln und Werkzeugen wie zum Beispiel dem Tarot, dem I Ging oder den nordischen Runen; aber das Wesen der alchemistischen Divination besteht im Stellen von Fragen und im Empfangen von Antworten und Anleitungen aus den inneren Quellen des Wissens.

Die alchemistischen Divinationen, wie sie Ralph Metzner entwickelt hat, sind Prozesse strukturierter intuitiver Fragen, bei denen Methoden des Licht-Feuer-Yogas für einen erhöhten Zustand der Konzentration und des Bewusstseins zur Anwendung kommen. Wir arbeiten im Geiste des römischen Gottes Janus, des Gottes der Torwege, Durchgänge und Übergänge, dessen beide Gesichter gelassen in die Vergangenheit und in die Zukunft blicken.

Der Hauptzweck dieser alchemistischen Divinationen ist es, den Individuen zu helfen, ein tieferes Erfahrungs-Verständnis, Problemlösungen und eine visionäre Inspiration für ihren Lebensweg in seinen innerpsychischen, interpersonalen, kreativen und spirituellen Dimensionen zu erlangen.

Das Metzner Alchemical Divination®-Trainingsprogramm besteht aus drei Modulen von fünftägigen Workshops, die in Europa und Amerika abgehalten werden und in denen man lernt, die Divination sich selbst anzueignen, aber auch, wie man diese anderen vermittelt.

Bitte kontaktieren Sie für weitere Informationen:
www.metzneralchemicaldivination.org

Achtung!
Sämtliche Kurse der Metzner Alchemical Divination®-Trainingsprogramme finden in englischer Sprache statt!

Ralph Metzner im Nachtschatten Verlag

Die Erweiterung des Bewusstseins

Alchemistische Transformation des Individuums und der Gesellschaft

Essay I: Albert Hofmann, LSD und die Suche nach dem alchemistischen Stein der Weisen Essay II: Erweiterungen des Kollektiven Bewusstseins seit dem Ende des Zweiten Weltkrieges.

ISBN 978-3-03788-162-0, 80 Seiten, 14 x 21 cm, Broschur

Alchemistische Divination

Heilung und Führung durch den Zugang zur spirituellen Intelligenz

In diesem Buch geht es darum, Individuen dabei zu helfen, Problemlö-sunge und Inspiration für die Zukunft zu finden - auf zwischenmensch-licher, beruflcher, kreativer und spiritueller Ebene.

ISBN 978-3-03788-196-5, 152 Seiten, 14 x 21 cm, Broschur

Die Wurzeln von Krieg und Herrschaft

Herrschaftliches Verhalten, der Gebrauch von Gewalt zur Kontrolle ande-rer, destabilisiert und zerstört Familien, Gruppen und Gemeinschaften. Auf internationaler Ebene bedeutet aggressive Herrschaft Krieg und den Zusammenbruch der zivilen Ordnung. Interessante Betrachtungen der Wurzeln dieses Übels.

ISBN 978-3-03788-180-4, 100 Seiten, 14 x 21 cm, Broschur

Welten des Bewusstseins - Welten der Wirklichkeit

Dieses Buch beschreibt zwei multidimensionale Paradigmen, die bei entheogenen und meditativen Forschungs- und Heilreisen zum Einsatz kommen: das Lebensrad aus dem tibetanischen Buddhismus und den Weltenbaum.

ISBN 978-3-03788-336-5, 146 Seiten, 14 x 21 cm, Broschur

Raum des Geistes - Strom der Zeit

Wie man seine Bewusstseinszustände verstehen und navigieren kann

Dieses Buch zeigt Grundlegendes aus Ralph Metzners fast 50jähriger Tätigkeit in Forschung, Psychotherapie, schamanistischer und yogischer Praxis, sowie seiner Lehrtätigkeit über die Bedeutung der sich verändernden Bewusstseinszustände für die psychische Gesundheit und das spirituelle Wachstum.

ISBN 978-3-03788-202-3, 168 Seiten, 14 x 21 cm, Broschur

Die sechs Lebenswege

Heiler/Friedensstifter,Forscher/Wissenschaftler,Krieger/ Beschützer,Künstler/Musiker, Lehrer/Historiker, Erbauer/ Organisator

Als menschliche Seele inkarniert sich jeder von uns mit einem bestimmten Ziel, einer Intention oder Vision für dieses Leben. Die Seele wählt einen oder mehrere der sechs wichtigsten archetypischen Lebenswege in der Gesellschaft aus.

ISBN 978-3-03788-282-5, 150 Seiten, 14 x 21 cm, Broschur

Ralph Metzner im Nachtschatten Verlag

Die Essenz langjähriger Forschung

Alle sieben Bände der Reihe im schönen und praktischen Schuber

Ökologie des Bewusstseins

Die Buchreihe „Ökologie des Bewusstseins" stellt die Essenz der langjährigen Erforschung des Bewusstseins und der psychedelischen Arbeit von Ralph Metzner dar und wird zusammen mit der Green Earth Foundation herausgegeben.

ISBN 978-3-03788-339-6, 941 Seiten, Format 14x21 cm, 7 Bücher im Schuber

Die Kröte und der Jaguar

Erfahrungsberichte zur Erforschung einer visionären Medizin Bufo alvarius und 5-MeO-DMT

Dieses Buch liefert Erkenntnisse aus über dreißig Jahren Erfahrungen und Beobachtungen mit dieser Substanz bei verschiedenen Benutzergruppen und Individuen in den USA und in Europa.

ISBN 978-3-03788-341-9, 96 Seiten, Format 14x21 cm, Broschur

Handbuch für nachhaltige Erfahrungen mit Entheogenen

Entheogenese bedeutet die wachsende Erkenntnis, dass wir Menschenwesen und die Welt um uns viel mehr sind als nur materielle Organismen. Dieses Buch erläutert die Anwendungsmöglichkeiten entheogener Substanzen, wenn die ausdrückliche Intention oder das Ziel spirituelles Erwachen, Psychotherapie, Heilung etc. sind und zeigt, wie diese Erfahrungen gesündere Zugänge zum Leben und zur Welt schaffen können.

ISBN 978-3-03788-384-6, 168 Seiten, 14,8 × 21 cm, Broschur

Kronengasse 11 | CH-4500 Solothurn | Telefon 0041 32 621 89 49 | Telefax 0041 32 621 89 47
info@nachtschatten.ch | www.nachtschattenverlag.ch